Helene Holunder

Vegan essen in der Familie

Für meine Familie

Vegan essen in der Familie

Helene Holunder

Bibliografische Information der Deutschen Nationalbibliothek
Die Deutsche Nationalbibliothek verzeichnet diese Publikation in der
Deutschen Nationalbibliografie; detaillierte bibliografische Daten
sind im Internet über http://dnb.d-nb.de abrufbar.

Helene Holunder
Vegan essen in der Familie

Abbildungen: Helene Holunder

Berlin: Pro BUSINESS 2013

ISBN 978-3-86386-485-9

1. Auflage 2013

© 2013 by Pro BUSINESS GmbH
Schwedenstraße 14, 13357 Berlin
Alle Rechte vorbehalten.
Produktion und Herstellung: Pro BUSINESS GmbH
Gedruckt auf alterungsbeständigem Papier
Printed in Germany

Weitere Informationen unter www.helene-holunder.de

Vorwort

Unter den Stichwörtern „vegan" und „kochbuch" werden je nach Anbieter in den Verlagssuchmaschinen im Internet knapp 300 Ergebnisse (Stand Februar 2013) angezeigt! „So viele Kochbücher, die ausschließlich vegane Rezepte aufführen – das ist ja toll," war mein erster Gedanke! Es ändert sich in der Wahrnehmung der Bevölkerung in Bezug auf das Thema „Tiere essen" doch etwas, könnte diesen Zahlen entnommen werden. Dies gilt wohl nur in der Tendenz, denn eine Suche mit dem Stichwort „kochbuch" ergibt fast 58.000 Treffer! Setzt man diese beiden Zahlen in Beziehung, relativiert sich meine Hypothese erheblich. Auch die Nationale Verzehrstudie II von 2008 *, die in den letzten fünf Jahren nicht aktualisiert wurde, weist in diese Richtung: Demnach ernähren sich ca. 0,1 % der Bevölkerung vegan. Anscheinend wird immer mal wieder über vegane Ernährung gesprochen, aber ändert dies schon das Ernährungsverhalten in Richtung pflanzliche Ernährung?

Was fehlt, sind erprobte Rezeptsammlungen für Familien, die sich vegan ernähren wollen. Hier möchte ich mit dem vorliegenden Buch anregen, sich lustvoll an Gerichte zu wagen, die lecker, nicht schwierig zuzubereiten, somit „familientauglich" sind – und keine Zutaten tierischen Ursprungs benötigen. Warum also nicht öfter vegan essen?

Vegan in der Familie!

Gerade in der Familie treffen verschiedene Geschmacksvorlieben aufeinander. In unserer Familie, die aus zwei Erwachsenen und zwei Kindern im Alter von 12 und 14 Jahren besteht, leben z.B. Veganer, Vegetarier und „Teilzeit"-Vegetarier. Somit haben wir schon aufgrund der unterschiedlichen Ernährungsgewohnheiten im Laufe der Jahre eine Unmenge an Rezepten gesammelt. Der Spaß des Kochens bestand und besteht dabei immer wieder darin, neue Rezepte zu entwickeln, sowie „herkömmliche" Rezepte zu „veganisieren" und den Geschmacksvorlieben unserer Familie anzupassen. Beim Durchstöbern meiner vielen Ringordner, die mit Rezepten gefüllt sind (und einer immer größer werdenden Rezeptedatei!) fällt auf, dass die Lieblingsgerichte unserer Familie sich auch mit dem Größerwerden der Kinder verändert haben: Zu Kindergartenzeiten waren Kinder-Karottenkuchen, Pfannkuchentorte und Kürbiseintopf der Renner, heute werden z.B. gerne das Rote-Beete-Carpaccio, die Maronencreme oder die Schokoladen-Avocado-Mousse gegessen. Die Auswahl an Rezepten, die ich für dieses Buch zusammengestellt habe, zeigt einen Querschnitt veganen Essens der Familie mit kleinen Kindern bis hin zu den

* vgl. Max Rubner-Institut Bundesforschungsinstitut für Ernährung und Lebensmittel (2008): Nationale Verzehrstudie. Karlsruhe: S. 98

jugendlichen Essern und uns Erwachsenen, die gerne Freunde und Verwandte (die nicht vegan essen), mit leckeren veganen Gerichten bekochen! Und mittlerweile nutzen auch meine Kinder die Rezeptesammlung, um für sich und für Freunde zu kochen, denn viele Rezepte sind so gestaltet, dass sie eben auch von Kindern, bzw. Jugendlichen nachgekocht werden können.

Was ist eigentlich vegane Ernährung?

Wer sich vegan ernährt, nimmt keine Produkte zu sich, die vom Tier stammen. Dies beinhaltet Fleisch und Fisch sowie Milch, Eier und alle anderen Produkte und Zutaten, die aus oder von Tieren gewonnen werden, also auch Honig oder Zusatzstoffe, die z.b. aus Läusen hergestellt werden.

Zielgedanke des Veganismus ist, Leid durch das Vermeiden von tierischen Produkten und Tiernutzung zu vermindern. Vor diesem Hintergrund sind eine Vielzahl individueller Lebens- und Ernährungsweisen möglich. Ausführliche Informationen finden sich dazu im Internet.

Das muss noch gesagt werden!

Wir beziehen die Lebensmittel überwiegend aus regionalem Anbau (Ökokiste) und aus dem Bioladen. Vorgefertigte Lebensmittel versuchen wir zwar zu vermeiden, allerdings werden z.b. auch Ketchup, veganer Käse, Sojasahne und Tofuprodukte, also verarbeitete Lebensmittel, verwendet. Und ein Blick in den Kühlschrank verrät noch mehr: Ganz hinten versteckt hinter meinem Sojajoghurt findet sich, nachdem mein Mann eingekauft hat, ein Fertigprodukt: Wackelpudding mit Vanillesauce! Doch damit nicht genug, der letzte Besuch der Oma hinterließ Gummibärchen mit Gelatine und Milchschnitten – beide Süßigkeiten finden allerdings keine Abnehmer bei uns und fristen ihr Dasein im Ablagefach der Kühlschranktür.

Vegan leben in der Familie heißt eben auch, sich immer wieder mit der uns umgebenden Lebenswirklichkeit auseinanderzusetzen; am besten mit Humor und der Erkenntnis, dass jede vegane Mahlzeit (im Sinne des veganen Leitgedankens) eine gute Mahlzeit ist!

Diskussionen in unserer Familie gibt es immer wieder über den Einsatz von veganen Lebensmitteln, die Fleischprodukte oder auch Kuhkäse imitieren. Soja und Seitan haben eine jahrhundertealte Tradition der Herstellung, ein einseitiger Einsatz als Salamiersatz wird diesen Produkten natürlich nicht gerecht. Andererseits schmeckt Pizza mit veganer Salami und veganem Käse ziemlich „echt nach Pizza" und wird deshalb von unseren Kindern geliebt! Hier muss jeder seinen eigenen „Ernährungs"-Weg finden!

Die Zutaten in den Rezepten sind, auch wenn ich es nicht explizit ausschreibe, vegan, d.h. bei der Verwendung von Margarine meine ich vegane Margarine usw.! Die Mengenangaben beziehen sich auf den Hunger unserer vierköpfigen Familie. Die Angaben zu den Gewürzen sind nur Richtwerte, wer es schärfer mag, greift vielleicht zu einer zweiten Chilischote und wer gemahlene Vanille nicht mag, lässt sie weg oder ersetzt sie durch z.b. Zimt und kommt so zu ganz neuen Geschmackserlebnissen! Veganes Eigelb (zur Verwendung siehe auch Tipps und Tricks zum Backen), welches ich in einigen Kuchenrezepten verwende, kann weggelassen werden, denn es dient nur als „Geschmacksersatz" für Eigelb. Da mein Mann und ich aber mit dem „Eigeschmack" im Kuchenteig großgeworden sind, finden wir hier einen Eigelbersatz manchmal lecker, während unsere Kinder es überhaupt nicht nachteilig für den Geschmack finden, wenn veganes Eigelb fehlt. Geschmack ist eben auch eine Frage der Sozialisation!

In unserer Küche existieren fast keine Profigeräte, die Rezepte können also mit einer herkömmlichen Küchenausstattung nachgekocht werden. Zwei Ausnahmen gibt es allerdings: Ein Hochleistungsmixer ist sehr hilfreich, denn er macht z.B. aus rohem Gemüse cremige Suppen und aus Früchten und Eiswürfeln „sahniges" Eis. Ein Pürierstab ist ebenfalls eine lohnenswerte Anschaffung und wird von uns wirklich häufig verwendet.

Ich weise ausdrücklich darauf hin, dass eine ausschließlich vegane Lebensweise gerade für Kinder voraussetzt, dass man genaue Kenntnis über die Nährstoffzusammensetzung der Lebensmittel hat, damit es nicht zu Mangelerscheinungen kommt. Auch bei dieser Ernährungsform ist es nämlich möglich, sich einseitig mit Fast food zu ernähren. Eine vegane Ernährung sollte also ausgewogen und abwechslungsreich sein. Gegebenenfalls kann der Vitamin B12-Level regelmäßig kontrolliert werden, da dieses Vitamin evtl. nicht ausreichend über eine ausschließlich vegane Ernährung dem Körper zur Verfügung gestellt wird. Falls notwendig, kann Vitamin B12 nahrungsergänzend aufgenommen werden. Grundsätzlich ist es ratsam, vor einer Umstellung der Ernährung einen Arzt, Heilpraktiker oder die Ernährungsberatung zu konsultieren.

Zum Schluss soll noch erwähnt werden, dass auch die Fotos in diesem Buch das Essen in der Familie dokumentieren. Konzeptionell wurde auf ein Kochen „für das Foto" verzichtet, es entstand „bei Tisch" mit der Handykamera. Allerdings mussten die Gerichte oft ins rechte Licht gerückt werden. In den letzten Wochen und Monaten führte diese Vorgehensweise deshalb zu der fast täglich gestellten Frage: „Kann ich schon naschen oder muss noch ein Foto gemacht werden?" So, nun aber „ran an die Töpfe"!

Viel Spaß beim Kochen und dem Veganisieren oder Erfinden neuer Rezepte!

Helene Holunder

Inhaltsverzeichnis

1. Kapitel
Dips und Brotaufstriche

Dips sind ein wesentlicher Bestandteil der veganen Küche. Sie können in jeder Mahlzeit Verwendung finden und sind eine Ergänzung zu Rohkost, Gemüsepfannen, Salaten, Nudeln und Kartoffeln. Als Brotaufstrich bringen sie Geschmack auf Brot, Wraps und Sandwiches.

Avocadodip

Pesto Rosso

Mangodip

Dattelcreme

Bärlauchpesto

Erdbeerdressing mit Mandelmus

Cashewcreme

Dips

Avocadodip exotisch

- 1 große Avocado
- 100 g Kokosmilch
- Saft einer halben Limette
- Chiliflocken
- Salz

Avocadofleisch, Kokosmilch, Limettensaft mit dem Pürierstab cremig aufschlagen. Mit den Gewürzen abschmecken.

Maronendip

- 200 g gekochte Maronen
- 250 g Soja- oder Hafersahne
- Salz, Zimt

Maronen und Sahne mit dem Pürierstab cremig aufschlagen. Mit den Gewürzen abschmecken.

Dattelcreme

- 100 g Datteln
- 200 g Soja- oder Hafersahne
- Zimt oder Salz

Datteln und Creme mit dem Pürierstab cremig rühren. Für eine süße Variante mit Zimt abschmecken, für die salzige Version kräftig mit Salz abschmecken.
Variation: Wer es schärfer mag, fügt ein wenig frische Chilischote, ohne Kerne, fein gehackt, hinzu.

Mangodip

- Fruchtfleisch einer Mango (ersatzweise 1 Dose Mangos, abgetropft)
- 4 EL Olivenöl
- Chiliflocken
- Salz

Alle Zutaten mit dem Pürierstab cremig aufschlagen. Die Konsistenz ähnelt einer Mayonaise. Kräftig mit Salz und Chiliflocken abschmecken.
Tipp: Wer es schärfer mag, ersetzt die Chiliflocken durch eine frische Chilischote, ohne Kerne, fein gehackt.

Brotaufstriche

Pesto Rosso

Die meisten Rezepte für Pesto Rosso benötigen Kuhkäse. Es geht auch anders!
* 250 g getrocknete Tomaten in Olivenöl
* 2 Knoblauchzehen
* 50 g gehackte Mandeln
* 1 Chilischote gewaschen
* 50 g veganer Käse gerieben
* ½ Bund glatte Petersilie
* Olivenöl
* Salz, Pfeffer

Die Mandeln in einer Pfanne leicht anrösten, Tomaten mit ihrem Öl, Knoblauch und Chilischote mit einem Pürierstab pürieren. Den Käse reiben, hinzufügen. Kräftig mit Öl, Salz und Pfeffer abschmecken. Zum Schluss die feingehackte Petersilie unterheben.
Tipp: Das Pesto hält sich mit Öl bedeckt im Kühlschrank. Es passt als Sauce über Nudeln, zu Gemüse, als Brotaufstrich und natürlich als Geschenk!

Petersilienpesto

Hier kommt eine Variation mit Walnüssen und Petersilie:
* 1 Bund glatte Petersilie
* 2 Knoblauchzehen
* 150 g veganer Käse
* 1 Handvoll Walnüsse ohne Schale
* Olivenöl
* Salz, Pfeffer

Die Petersilie waschen und grob zerschneiden. Zusammen mit dem Knoblauch, dem Käse und den Walnüssen im Hochleistungsmixer pürieren, dabei Olivenöl zufließen lassen, bis die Masse cremig ist. Mit Salz und Pfeffer abschmecken.

Pesto mit Bärlauch

* 1 Bund Bärlauch (ca. 50 g)
* 100 g Pinienkerne
* ca. 50 ml Olivenöl
* Salz

Bärlauch waschen und mit den Pinienkernen und ca. 25 ml Öl aufschlagen, mehr Öl nach Belieben bei laufendem Rührmesser hinzufügen. Mit Salz abschmecken.
Tipp: Dieses Grundrezept kommt ohne veganen Käse aus und kann mit Petersilie, Basilikum oder auch Rucola variiert werden. Ich mag es gerne, wenn im Pesto noch Pinienkerne sichtbar bleiben – aber das ist natürlich Geschmackssache!

Pinienkernaufstrich

- 1 Tomate
- 2 Tassen Pinienkerne
- 1 EL Zitronensaft
- 2 EL Agavendicksaft
- 1 Tasse Kokosnusssaft
- Salz

Alles mit dem Hochleistungsmixer dicklich aufschlagen.

Tzatziki mit Minze

- 120 g Gurke geraspelt
- 200 g Sojajoghurt natur
- 1 El fein gehackte Minze
- 1 Knoblauchzehe gerieben
- 2 El Olivenöl
- Salz, frisch gemahlener Pfeffer

Die Zutaten verrühren und mit Salz und Pfeffer abschmecken.
Tipp: Tzatziki passt gut zu Pellkartoffeln oder Rohkost.

Aioli mit Pinienkernen

- 1 Tasse Pinienkerne
- Saft von 2 Zitronen
- 2 Knoblauchzehen
- 2 EL Olivenöl
- Salz

Mit dem Hochleistungsmixer die Zutaten zu einer dicklichen Creme aufschlagen.
Tipp: Eine Aioli ohne Nuss ist möglich, wenn man das Rezept für vegane Mayonnaise mit einer geriebenen Knoblauchzehe (oder mehreren!) verrührt.

Hummus

- 1 Dose Kichererbsen abgetropft
- 2 EL Tahin (Sesammus)
- 1 EL Olivenöl
- 1 EL Zitronensaft
- 1 TL Paprika
- ½ TL Kreuzkümmel
- Salz

Alle Zutaten mit dem Pürierstab cremig rühren, in eine Schale füllen, mit etwas Olivenöl begießen und gemahlenen Paprika darüberstreuen. Hummus passt natürlich zu Falafel, aber auch einfach zu Tomaten oder frischem Pitabrot!

Cashewcreme

- 100 g Cashewkerne
- 2 TL frisch gepresster Zitronensaft
- Fleur de sel mit Vanille oder Salz
- Pfeffer

Die Cashewkerne mit ca. 40 ml Wasser im Hochleistungsmixer fein pürieren. Den Zitronensaft unterrühren, kräftig salzen und pfeffern.

Basilikum"Käse"

Wer einen Dörrautomaten besitzt, kann folgendes Rezept ausprobieren. Ein tolles Topping für Salat oder zum Knuspern!

- 4 Tassen Pinienkerne
- 2 Tassen Basilikum
- 2 EL Zitronensaft
- 1 Tomate
- 1 TL Salz, etwas Wasser

Basilikum hacken, übrige Zutaten pürieren, Basilikum hinzufügen. Masse 0,5 cm dick auf Backpapier streichen, im Dörrautomat 12 h bei 43 °C dörren. In Stücke brechen und weiter verwenden.

Dressing

vegane Mayonnaise

- 100 ml Sojamilch
- 1 EL Zitronensaft
- Maiskeimöl oder ein anderes neutrales Öl
- 2 TL The Vegg (siehe Tipps und Tricks zum Backen)
- 1 TL Senf
- Salz, Pfeffer

Sojamilch und Zitronensaft mit dem Pürierstab aufmixen, während des Mixens Öl in regelmäßigem Strahl hinzufließen lassen. Wenn die Mayonnaise die richtige Konsistenz hat, 2 Esslöffel The Vegg unterrühren, mit Senf, Salz und Pfeffer abschmecken.

Tipp: Das vegane Eigelb kann natürlich auch weggelassen werden!

Vinaigrette

- 1 Marmeladenglas mit Deckel (500 g)
- 1 Teil Zitronensaft oder Essig
- 3 Teile Olivenöl
- 3 EL Agavendicksaft
- 3 TL Senf
- Salz

Das angegebene Mengenverhältnis zwischen Essig/Zitronensaft und Öl sowie Senf bezieht sich auf die Größe des Marmeladenglases und sorgt für die Konsistenz, die wir mögen. Neben der Funktion als „Messbecher" kann die Vinaigrette darin im Kühlschrank aufbewahrt werden. Sie hält sich ca. 2 Tage. Ich gebe alle Zutaten in das Glas, schließe den Deckel und schüttele kräftig durch. Man kann natürlich auch den Pürierstab einsetzen und die Vinaigrette damit aufschlagen!

Tipp: Wer mit dem Pürierstab arbeitet, kann ein paar Erdbeeren hinzufügen und die Zutaten dann pürieren. Ein leckere Orangenvinaigrette entsteht, wenn der Agavendicksaft durch 3 Esslöffel Orangenmarmelade ersetzt wird!

Mandeldressing

- 100 g Mandelmus
- 4 EL heißes Wasser
- 3 EL Sojasauce

Das Mandelmus mit dem heißen Wasser cremig aufschlagen, evtl. mehr Wasser hinzufügen und mit der Sojasauce pikant abschmecken. Das Wasser sollte auf jeden Fall heiß sein, dann lässt sich das Mus besser verarbeiten.
Tipp: Das Mandeldressing passt sehr gut zum Rote-Beete-Carpaccio und zur Rote-Beete-Tarte!

Erdbeer-Dressing mit Mandelmus

- 2 EL Mandelmus hell
- 2 EL Zitronensaft
- 125 ml Kokosnusssaft
- 1 EL Agavendicksaft

Alles mit dem Pürierstab dicklich aufschlagen.

Joghurtdressing

- 100 g Sojajoghurt natur
- 50 g Sojasahne
- 1 El Olivenöl
- 1 El gehackte Kräuter
- 1 Spritzer Zitronensaft
- Salz, Pfeffer

Alle Zutaten verrühren und mit Salz und Pfeffer abschmecken.

2. Kapitel
Vorspeisen

Leichte Gerichte und Vorspeisen, die in der Familie geliebt werden!

Antipasti

Marrokanische Möhren

Wilmersburger Börek

Toniburger

Vorspeisen

Antipasti

* Zucchini
* rote Paprika
* Fenchel
* Zwiebeln
* Auberginen
* Möhren
* 1 Rezept Vinaigrette

Gemüse waschen, in mundgerechte Stücke schneiden und jedes Gemüse in Olivenöl anbraten.
Eine Vinaigrette zubereiten und das noch warme Gemüse darin einlegen. Im Kühlschrank für einige Stunden durchziehen lassen.

Marokkanische Möhren

* 500 g Möhren
* Saft einer Orange
* 2 EL Agavendicksaft
* 2 EL Rosinen
* Salz, Kurkuma
* 1 Stängel Pfefferminze
* 1 EL schwarzer Sesam, Olivenöl

Die Möhren waschen, in Stifte schneiden, in Olivenöl anbraten, mit Salz und Kurkuma abschmecken. Den Orangensaft, den Agavendicksaft und die Rosinen zufügen und dickflüssig einkochen lassen. Pfefferminzblätter hacken, unterrühren und kurz vor dem Servieren mit schwarzem Sesam bestreuen.

Rote Beete Carpaccio

* 4-5 rote Beete, gekocht, geschält (oder fertig vakuumiert)
* 1 Rezept Mandeldressing
* Basilikumblätter
* frisch gemahlener Pfeffer, Fleur de sel mit Vanille oder Salz

Die rote Beete in Scheiben schneiden und auf einem Teller anrichten, mit der Mandelsauce beträufeln und mit dem gezupften Basilikum bestreuen. Frisch gemahlenen Pfeffer und das Fleur des sel über das Carpaccio geben.

Wilmersburger Börek

- Filoteig (Dreieckig)
- veganer Käse (z.B. Wilmersburger Scheiben)
- Olivenöl

Eine Scheibe Filoteig mit Olivenöl bestreichen, einer zweite Scheibe Filoteig auflegen. Eine Scheibe Käse auf das breite Stück des Teiges legen, Seiten einschlagen und von der breiten Seite aufrollen. Die so entstandenen Böreks in Olivenöl goldbraun anbraten.

Karamelisierte Nüsse

- Nach Geschmack je eine Handvoll Cashews, Walnüsse oder Kürbis-, Sonnenblumen- und Pinienkerne
- Salz, Zucker

In einer beschichteten Pfanne zuerst die größeren Nüsse leicht anbräunen, dann die kleineren Nüsse zugeben und ebenfalls bräunen. Mit ca. 2 Teelöffel Salz würzen, umrühren. Ca. 2 Esslöffel Zucker über die Nüsse geben, rühren bis der Zucker karamellisiert und hellbraun ist. Die Nussmischung auf Backpapier geben und auskühlen lassen.

Achtung: Da die Nüsse sehr heiß sind, karamellisiert der Zucker schnell.

Tipp: Ein Teelöffel Chili bringt Schärfe! Die Nüsse eignen sich zum Knabbern; toppen aber auch Salat oder Suppen!

Gefüllte Datteln

- 12 Datteln (Sorte Madjol)
- ca. 200 g veganer Käse oder Räuchertofu
- 12 Walnusshälften
- 2 EL Zucker
- 1 EL kandierter Ingwer, klein gewürfelt
- ½ TL Salz
- etwas Nussmus

Die Datteln entsteinen und mit einem Stück veganem Käse oder Räuchertofu füllen. Die Walnusshälften in der Pfanne anrösten, Salz und Zucker hinzugeben. Unter Rühren den Zucker karamellisieren lassen, den Ingwer zugeben, nochmals gut verrühren. Die Mischung auf Backpapier geben und erkalten lassen. Auf die Öffnung jeder Dattel einen Klecks Nussmus geben und mit einer kandierten Ingwerwalnusshälfte belegen.

würzige Filostreifen

- Filoteig
- Olivenöl
- Salz, Pfeffer, Thymian, Oregano oder Curry
- oder Gewürze nach Wahl

Den Filoteig ausbreiten, mit Olivenöl bestreichen und würzen. Dann den Teig in Streifen schneiden und auf ein Backblech legen. Bei 160 °C ca. 8 min knusprig backen!

Tipp: Die gesunde Alternative zu Chips!

leichte Gerichte

Exoticwrap

- 1 Packung Wraps
- 1-2 Rezepte Mangodip
- Gurken- und Möhrenstifte
- Romanasalat in Streifen geschnitten
- Seitan oder marinierter Tofu nach Wahl

Seitan oder Tofu in Stücke schneiden und kross anbraten. Die Wraps kurz erwärmen, mit Mangodip bestreichen und mit dem Gemüse und dem Seitan/Tofu aufrollen. Dazu passt gut eine süss-saure Chilisauce.

Toni Burger

(Rezept für einen Burger)
- 1 Baguettebrötchen
- 1 EL veganes Schmalz
- 2 Scheiben veganer Käse (Wilmersburger Scheiben)
- 1 vegane „Frikadelle" (Seitan oder Tofu)
- 1 EL vegane Mayonnaise
- 1 EL Ketchup
- 1 Tomate in Scheiben
- 1 Handvoll Romanasalat

Die Frikadelle anbraten. Das Brötchen aufschneiden, beide Hälften mit dem Schmalz bestreichen, mit Käse belegen und im heißen Backofen kurz erwärmen bis der Käse schmilzt. Aus allen Zutaten einen Burger schichten und servieren.

Hippie Salat

- 2 Handvoll Blattsalat
- 1 Handvoll rote Paprikastücke
- 1 Handvoll Bananenscheiben
- 1 Handvoll Apfelstücke
- 1 Handvoll Gänseblümchen
- 1 Rezept Erdbeerdressing

Die Zutaten in einer Glasschale (so bunt, so fröhlich – da lacht das Auge!) mischen und servieren.

Ceasars Salad

- Romana-Salat, in Streifen geschnitten
- 1 Rezept Mayonnaise, mit einer geriebenen Koblauchzehe verfeinert
- 100 g veganer Käse gerieben (z.B. Wilmersburger Pizzaschmelz)
- frisch gemahlener Pfeffer

Alle Zutaten vermischen, mit Pfeffer abschmecken, kurz durchziehen lassen.

Toast Melba

- Toastbrot
- veganes Schmalz mit Kräutern
- vegane „Salami"
- veganer „Käse" (z.B. Wilmersburger Scheiben)
- 1 Dose Ananasscheiben

Die Toastscheiben mit Schmalz bestreichen und kurz im Ofen rösten. Dann mit „Salami", einer Ananasscheibe und einer Scheibe „Käse" belegen. Ca. fünf Minuten im Ofen überbacken.

Tomaten-Zwiebel-Rolls

- 1 Rezept „Sojajoghurt"-Öl-Teig oder 1 Packung Blätterteig vegan
- 1 Zwiebel
- 1 Handvoll getrocknete Tomaten in Öl
- 100 g Seitan
- 2 EL Öl
- 1 EL Tomatenmark
- Salz, Pfeffer, Thymian
- 4-5 Scheiben veganer Käse

Den Teig zu einem Rechteck von ca. 20 x 35 cm ausrollen. Zwiebel, Tomaten und Seitan in kleine Würfel schneiden, in dem Öl scharf anbraten und mit Tomatenmark sowie den Gewürzen abschmecken. Den Käse auf dem Teig verteilen, die Füllung darüber geben und das Ganze der Länge nach aufrollen. Ca. 2 cm dicke Scheiben abschneiden, auf ein gefettetes Backblech legen und bei 160°C Umluft ca. 10 min. backen.

Mango-Rucola-Salat

- 2 Mangos
- 2 Bund Rucola
- 1 Bund Koriander
- 1 Rezept Vinaigrette
- 1-2 TL geröstetes Sesamöl
- 1 EL schwarzer Sesam, Chiliflocken

Mangofleisch in Streifen schneiden, Rucola waschen, zupfen, auf einer Salatplatte dekorieren. Mangostreifen und Korianderblätter darauf verteilen. Alle Zutaten der Vinaigrette und das Sesamöl in ein Marmeladenglas geben, Deckel schließen, gut schütteln. Den Salat mit der Vinaigrette beträufeln, Sesam und Chiliflocken darüber geben.

Apfel/Möhrenrohkost

- 500 g Möhren
- 2 Äpfel
- Zitronensaft
- Zucker
- Zimt
- Salz, Pfeffer

Möhren und Äpfel waschen und mittelfein reiben. Sofort mit etwas Zitronensaft mischen und mit den übrigen Gewürzen herzhaft abschmecken.

Feldsalat mit Pilzen

- 3 Handvoll Feldsalat, gewaschen und gezupft
- 3 Handvoll frische Pilze (z.B. Champignons, Shitake, Austernpilze)
- Piment
- Kürbiskernöl
- 2 EL geröstete Kürbiskerne
- Salz, Pfeffer

Den Feldsalat anrichten. Die Pilze putzen, halbbieren, anbraten. Zum Schluss mit Salz, Pfeffer, Piment abschmecken, erkalten lassen. Die Pilze über dem Feldsalat verteilen, den Salat mit Kürbiskernöl beträufeln und mit den Kürbiskernen bestreuen. Sofort servieren.

Bauernsalat

je zwei Handvoll in Stücke geschnittene
- Gurken und Tomaten
- ½ Handvoll Oliven
- ½ Handvoll Zwiebelringe
- 1 Handvoll Tofu Feta (z.B. von Lord of Tofu)
- 2 TL Oregano
- ½ TL Lavendelblüten (evtl. getrocknet)
- 1 Rezept Vinaigrette

Die Zutaten mischen, den Salat etwas durchziehen lassen.

Couscoussalat

- 250 g Couscous
- Gemüsebrühe
- 2 EL Zitronensaft
- 1 Knoblauchzehe, gerieben
- 5 Tomaten
- 1 Handvoll Pinienkerne
- 1 Bund Petersilie
- Olivenöl
- Salz, Pfeffer

Den Couscous nach Packungsanweisung mit Gemüsebrühe zubereiten. Etwas abkühlen lassen, 2 Esslöffel Zitronensaft und Knoblauch unterrühren. Die Pinienkerne in einer Pfanne anrösten, abkühlen lassen. Die Tomaten waschen, in Stücke schneiden, mit dem Couscous mischen. Petersilie waschen, zupfen, fein hacken, unterheben. Kräftig mit Olivenöl, Pfeffer und Salz abschmecken, durchziehen lassen, nochmals abschmecken und kurz vor dem Servieren die Pinienkerne unterheben.

3. Kapitel
Suppen

Kalte Suppen,
warme Suppen,
süße Suppen ...

Möhrensuppe mit Kokostopping

geeiste Gurkensuppe

Gazpacho andaluz

Maronencreme

Kalte Suppen

Möhrensuppe mit Kokostopping

- 8 mittelgroße Möhren
- 400 ml Gemüsebrühe
- 100 ml Apfelsaft
- 100 ml Soja- oder Hafersahne
- ½ Brötchen vom Vortag
- 1 TL Currypaste
- ½ Dose Kokoscreme

Die Dose Kokoscreme in den Gefrierschrank stellen (am besten schon 1 Stunde vorher). Die Möhren waschen, in Stücke schneiden, zusammen mit den restlichen Zutaten (bis auf die Kokoscreme) im Hochleistungsmixer pürieren. Die Kokoscreme mit einem Pürierstab kurz cremig rühren. Die kalte Suppe in Teller füllen, einen Esslöffel Kokoscreme in die Mitte geben.

Tipp: Das Grundrezept der Suppe kann natürlich auch mit anderem Gemüse hergestellt werden, z.B. Hokkaidokürbis. Die Suppe schmeckt auch heiß. Dazu passen zum Beispiel gebratene Polenta-Rauten!

geeiste Gurkensuppe

- 1 kg Salatgurken
- 1 EL Balsamico weiß
- 1 Knoblauchzehe gepellt
- ½ Bund Dill
- 100 g Sojajoghurt
- Zucker
- Salz, frisch gemahlener Pfeffer

Gurken schälen, längs halbieren und die Kerne mit einem Löffel entfernen. 200 g Gurken in kleine Stücke würfeln, beiseite stellen, den Rest in grobe Stücke schneiden. Die groben Stücke Gurken, Essig, Knoblauch mit dem Pürierstab pürieren, kräftig mit Salz, Pfeffer und Zucker abschmecken. Kalt stellen. Dill waschen, trockenschütteln, die Spitzen fein hacken. Kurz vor dem Servieren der Suppe den Joghurt unterrühren. In die Suppenteller 2 Eiswürfel geben, die Suppe einfüllen, ein paar Gurkenwürfelchen und Dill darübergeben und servieren!

Gazpacho andaluz

In Spanien wir diese Suppe im Glas serviert – ich bevorzuge den Suppenteller und gebe vor dem Einfüllen der Suppe zwei Eiswürfel hinein!

* 500 g Tomaten
* ½ Salatgurke
* 1 Paprikaschote grün geschält und entkernt
* 1 Paprikaschote rot geschält und entkernt
* 2 Zehen Knoblauch, gepellt
* 1 Zwiebel, geschält, geviertelt
* 1 große Dose Tomaten
* 250 ml kalte Gemüsebrühe
* 75 ml Olivenöl
* 2-3 EL Balsamico weiß
* 1 Brötchen
* 1 kleine Chilischote entkernt
* 1 EL Agavendicksaft
* Salz, Pfeffer

200 g Tomaten, ¼ Salatgurke, je ½ rote und grüne Paprika fein würfeln, beiseite stellen. Das Brötchen in der Gemüsebrühe einweichen. Dann bis auf die Gemüsewürfel alle Zutaten im Hochleistungsmixer pürieren. Die Gemüsewürfel unterheben, mit Salz und Pfeffer abschmecken und eiskalt servieren.

warme Suppen

Maronencreme

* 1 Zwiebel
* 2 EL Öl
* 400 g Maronen vakumiert
* 500 ml Gemüsebrühe
* 200 ml Soja- oder Hafersahne
* ½ TL Zimt
* Salz, Pfeffer

Zwiebel pellen und würfeln, in dem Öl andünsten, Maronen hinzufügen. Mit der Gemüsebrühe auffüllen und ca. 15 min. köcheln lassen. Die „Sahne" hinzufügen und die Suppe mit dem Pürierstab pürieren. Mit Zimt, Salz und Pfeffer abschmecken.

Tipp: Mit etwas Sojasahne und Kresse servieren. Fleur de sel mit Vanille gibt den Kick – einfach ein paar „Krümelchen" auf die Suppe geben!

Möhrensuppe mit Aprikosen

- 150 g getrocknete Soft-Aprikosen
- 20 g frischer Ingwer
- 1 Zwiebel
- 400 g Möhren
- 2 EL Öl
- 1 TL Currypaste mild (oder 1 EL Curry mild)
- 400 ml Gemüsebrühe
- $\frac{1}{2}$ TL Zimt
- 1 Prise Muskatnuss (frisch gerieben)
- $\frac{1}{4}$ l Apfelsaft
- 1 Bund Koriander
- Salz

Den Ingwer schälen, reiben; die Zwiebel schälen, würfeln; die Möhren waschen, 150 g in feine Scheiben schneiden und zur Seite legen, den Rest in größere Stücke schneiden. 4 Aprikosen in Streifen schneiden und ebenfalls zur Seite legen. Öl in einem Topf erhitzen, Zwiebel, Ingwer und Currypaste darin andünsten. Die Aprikosen und die dickeren Möhrenstücke in den Topf geben. Mit Gemüsebrühe und 400 ml Wasser auffüllen; Zimt und Muskatnuss hinzugeben. Bei geschlossenem Deckel ca. 20 min. köcheln lassen. Mit dem Pürierstab pürieren, Apfelsaft und ca. $\frac{1}{8}$ l Wasser hinzufügen (die Suppe soll sämig bleiben) und nochmals erhitzen. Die restlichen Möhrenscheiben in etwas gesalzenem Wasser andünsten, die Aprikosenstreifen kurz hinzufügen, dann abtropfen lassen. Ein paar Korianderblätter zur Dekoration übrig lassen, den Rest hacken und unter die Suppe mischen. Möhren- und Aprikosenscheiben in vorgewärmte Suppentassen geben, mit Suppe auffüllen und mit Koriander bestreuen.

Tipp: Wer Koriander nicht mag, kann ihn durch glatte Petersilie ersetzen. Wenn es schnell gehen muss, verzichtet man auf Möhrchen- und Aprikosenstreifen, kocht alles zusammen und püriert anschließend die Suppe!

Kürbissuppe mit Apfelkompott

- 1 kg Hokkaido
- 1 Zwiebel
- 1 Stück frischer Ingwer (etwa 15 g)
- 2 EL Öl
- 800 ml Gemüsebrühe
- 350 Gramm Apfelkompott
- Kürbiskernöl, geröstete Kürbiskerne
- Salz, frisch gemahlener Pfeffer

Kürbis waschen, halbieren, Kerne und Stroh entfernen und in Stücke schnei-den. Zwiebel pellen, würfeln; Ingwer schälen und reiben. In einem Topf die Zwiebel und den Ingwer in 2 Esslöffel Öl anschwitzen, den Kürbis hinzugeben. Mit der Gemüsebrühe auffüllen und ca. 20 min. köcheln lassen. Mit einem Kartoffelstampfer das Gemüse zerdrücken, das Apfelkompott unterrühren und mit Salz und Pfeffer abschmecken. Die Suppe in Suppenteller geben, mit et-was Kürbiskernöl beträufeln und mit ein paar Kürbiskernen bestreuen.

Tipp: Wer es gerne sämig mag, püriert die Suppe mit dem Pürierstab und rührt dann das Kompott unter!

Süße Suppen

Kaltschale mit Früchten

- 375 g gemischte Früchte oder Beeren nach Wahl
  (frisch, TK oder aus dem Glas)
- 1 l Saft (z.B. Sauerkirschsaft)
- Saft einer Zitrone
- 25 g Speisestärke
- 80 g Zucker
- 1 TL gemahlene Vanille

Die Früchte oder Beeren verlesen, evtl. in Stücke schneiden. Die Stärke mit 3 Esslöffel Saft verrühren. Den übrigen Saft mit dem Zitronensaft und dem Zucker aufkochen, die Beeren oder Früchte hinzugeben. Die Stärke unterrühren, nochmals aufkochen lassen, Vanille unterrühren. Kalt servieren!
Tipp: empfindliche Beeren, z.B. Himbeeren erst nach dem Aufkochen in die Kaltschale geben. Eine Kugel Vanilleeis macht sich gut als Topping!

„Milchsuppe" mit Nudeln

- 1 l Soja- oder Reis- oder Hafermilch
- 30 g Margarine
- 50 g Zucker
- 2 TL gemahlene Vanille
- 250 g Nudeln
- Mandelaroma
- evtl. etwas Zimt
- 1 Prise Salz

Milch mit Margarine, Zucker, Vanille und Salz aufkochen lassen, Nudeln hinzugeben und auf kleiner Stufe ca. 20 min. quellen lassen. Mit Zimt und Mandelaroma abschmecken, heiß oder kalt servieren!
Tipp: Exotisch wird die Suppe, wenn 200 ml Milch durch Kokosmilch ersetzt wird. Dieses abgewandelte Rezept aus der Kindheit klappt auch mit Nudelresten vom Vortag. Dann 1 Esslöffel Puddingpulver mit etwas Flüssigkeit verrühren, unter die Milch rühren, aufkochen lassen und die Nudeln darin erwärmen.

Melonensüppchen

- ½ Wassermelone
- 3 Tomaten
- 3 EL Olivenöl
- 6 Zweige Thymian
- 1 TL Chiliflocken
- Salz

Das Melonenfleisch in Stücke schneiden, durch ein Sieb drücken und so die Kerne entfernen. Tomaten waschen, grob zerteilen. Thymianblättchen von den Zweigen zupfen. Alle Zutaten mit dem Zauberstab pürieren. Mit Salz und Chiliflocken abschmecken.

Tipp: Der Geschmack bewegt sich zwischen süß/fruchtig und spicy. Auf einem sommerlichen Grillabend schmeckt diese Suppe, kalt serviert, sehr gut!

4. Kapitel
Das macht satt

Im Winter mögen wir gehaltvolle Haupt-
gerichte, während das Essen im Sommer etwas
leichter ausfällt

Gemüse-Panettone

Farfalle

Gemüsespaghetti mit Ragù

Chili sin carne

Hauptgerichte

Gemüse-Panettone

- 1 Zwiebel
- 250 g Möhren
- 150 g rote Paprika
- 150 ml Gemüsebrühe
- 20 g frische Hefe
- 1 TL Zucker
- 250 ml Sojamilch oder Reismilch lauwarm
- 30 g Margarine
- ½ Bund Petersilie
- 300 g Mehl
- 100 g Vollkornhaferflocken
- 1 x Eiersatz nach Packungsanweisung zubereitet (siehe Tipps undTricks zum Backen)
- 2 TL Salz
- 1 TL Kurkuma
- 1 TL Thymian
- 150 g geriebener veganer Käse

Gemüse waschen, würfeln, in der Brühe 5 min. blanchieren, abtropfen lassen. Hefe mit Zucker in der Hälfte der Milch auflösen. Die restliche Milch mit der Margarine und der gehackten Petersilie erwärmen. Mehl mit Haferflocken, Salz und Kurkuma, Thymian, Eiersatz und den Flüssigkeiten verrühren und alles zu einem Teig verkneten. Gemüsewürfel und Käse unterheben. Panettoneform oder Einweckgläser einfetten, mit Backpapier auskleiden, den Teig zu $^3/_4$ einfüllen und zugedeckt ca. 25 min. gehen lassen. Im vorgeheizten Backofen bei 160 °C Umluft ca. 20 min backen.

Die Panettone schmeckt kalt oder warm, sollte aber bald gegessen werden. Dazu passt eine Tomatensauce. Im Weckglas eignet sich die Panettone gut als „Mitbringsel".

Kürbiseintopf

- 1 Hokkaido
- 2 Zwiebeln
- 2 Möhren
- 300 ml Gemüsebrühe
- 2 Zucchini
- 2 rote Paprika
- 1 Knoblauchzehe
- Olivenöl, Kürbiskernöl
- Saft von einer Orange
- Kürbiskernöl
- Kurkuma, Thymian
- geröstete Kürbiskerne
- Salz, Pfeffer

Das Gemüse waschen und klein schneiden. Hokkaido, Zwiebeln und Möhren in Olivenöl anbraten, mit Gemüsebrühe und dem Saft der Orange auffüllen. 5 min. kochen lassen, dann Zucchini und Paprika hinzufügen. Mit Thymian, Kurkuma, Salz, Pfeffer und geriebenem Knoblauch abschmecken, 20 min. köcheln lassen, dabei immer wieder umrühren. Mit einem Kartoffelstampfer den Eintopf sämig zerdrücken. Nochmals abschmecken.

Den Eintopf auf Teller verteilen, jeweils mit einen Teelöffel Kürbiskernöl und einem Teelöffel gerösteten Kürbiskernen dekorieren und servieren.

Tipp: 1 Stück Ingwer mitkochen!

Polenta-Rauten

- 250 g Maisgrieß-Polenta
- 500 ml Wasser
- 500 ml Soja- oder Hafermilch
- 2-3 EL körnige Gemüsebrühe
- 2-3 EL Margarine
- Olivenöl
- etwas Muskatnuss gerieben
- Salz

Wasser, Milch und die Gemüsebrühe aufkochen, Maisgrieß-Polenta einrühren, aufkochen und 10 min. ziehen lassen. Dann die Margarine unterrühren und mit Muskatnuss und Salz abschmecken Die Polenta auf ein mit Backpapier ausgelegtes Backblech ca. 1,5 cm dick streichen. Erkalten lassen, dann in Rauten schneiden und diese in Öl knusprig braten.

Tipp: Dazu passt das Ragù oder der Feldsalat mit Pilzen.

Maronen-Pilz-Ragout

- 400 g Maronen (vakuumverpackt)
- 400 g kleine Champignons
- 1 Zwiebel
- 1 Knoblauchzehe
- 3 EL Olivenöl
- ¼ l Gemüsebrühe
- 200 ml Soja- oder Hafersahne
- 8 Zweige Thymian
- 2 EL Stärke
- 1 EL Balsamicoessig
- 1 EL Öl
- 1 EL Zucker
- Steinpilzsalz
- Pfeffer

Maronen evtl. halbieren, Pilze putzen, Zwiebel abziehen und hacken, Knoblauch pellen und reiben. Pilze im heißen Öl anbraten, Zwiebel und Knoblauch hinzugeben, kurz mitbraten. Maronen, Brühe, Sahne, 4 Zweige Thymian dazugeben und 10 min. köcheln lassen. Stärke mit etwas Flüssigkeit verrühren, unterrühren und aufkochen lassen. Mit Steinpilzsalz, Pfeffer und Essig abschmecken. Thymianzweige entfernen. Öl und Zucker in einer Pfanne erhitzen, die restlichen 4 frischen Thymianzweige darin karamellisieren lassen. Das Ragout damit servieren.

Erdnuss-Kürbis-Curry

- 50 g geröstete Erdnüsse
- 300 g Kürbis (Hokkaido)
- 2 grüne Paprika
- 4 EL Erdnussmus
- 200 ml Kokosmilch
- 1 TL Chiliflocken
- 2 TL Koriander gemahlen
- 2 EL Öl
- 1 TL Senfkörner
- 1 TL Kreuzkümmel
- Salz, Zucker

Kürbis und Paprika waschen, entkernen und in ca. 2 cm große Stücke schneiden. Erdnussmus mit heißer Kokosmilch zu einer Sauce rühren, mit Chili und Koriander abschmecken. Öl in einem Wok oder einer Pfanne erhitzen, Senfkörner und Kreuzkümmel darin anrösten, Gemüse hinzufügen, anbraten.

2 Esslöffel Wasser zugeben, salzen und 10 min. garen. Erdnüsse und Sauce in den Wok geben, sämig einkochen und mit Zucker und Salz abschmecken. **Tipp:** Reis mit Kokosflocken dazu servieren!

Chili sin carne

- 250 g Soja „hack"
  (oder 100 g Sojagranulat, nach Packungsanweisung zubereitet)
- 1 Zwiebel
- 2 Chilischoten
- 3 Knoblauchzehen
- 1 rote Paprika
- 2 Möhren
- 1 Stange Lauch
- 1 große Dose Kidneybohnen
- 1 Dose Mais
- 1 Dose Tomaten in Stückchen
- 4 EL Tomatenmark
- ca. 200 ml Gemüsebrühe
- Oregano, Thymian, Majoran, Salz

Zwiebel, Knoblauch und Chilischoten (Achtung: Handschuhe tragen) klein schneiden und in einem großen Topf in etwas Öl anbraten. Paprika, Möhren und Lauch waschen, klein schneiden und zusammen mit dem Soja"hack" hinzugeben. Nach etwa 5 min. die Tomatenstückchen, Mais, Bohnen, Tomatenmark, Gewürze (nach Geschmack würzen) und die Gemüsebrühe hinzugeben. Ca. 30 min. leicht kochen lassen, immer wieder umrühren. Und wenn ein Kind unbedingt noch ein vegetarisches Würstchen dazu essen möchte – na gut! Dazu passt der Avocadodip und frisches Stangenbrot!

Semmelknödel

- 3 trockene Brötchen
- 200 ml Sojasahne (z.B. Cresoy, je nach Größe der Brötchen)
- 1 Brühwürfel Gemüsebrühe
- ½ Bund Petersilie
- Paniermehl
- 1 EL Margarine
- 1 EL Mehl
- Salz, Pfeffer

Die trockenen Brötchen in ca. 2-3 cm große Stücke schneiden und in eine Schüssel geben. Die Margarine in einem Topf schmelzen, die Sojasahne und den zerdrückten Gemüsebrühwürfel dazugeben, warm werden lassen (nicht kochen) und über die Brötchenwürfel geben. Die Petersilie hacken und dazugeben. Nach 3-4 Minuten alles gut durchkneten, das Mehl dazugeben und mit etwas Salz und Pfeffer würzen. Je nach Konsistenz evtl. mit Paniermehl vermischen bis ein fester Teig entsteht. Mit angefeuchteten Händen Knödel formen und in heißes Salzwasser geben. Die Knödel ca. 20 min. in heißem Wasser ziehen lassen, bis sie an der Oberfläche schwimmen – nicht kochen, da sie sonst zerfallen!

Tipp: Die Kinder lieben Semmelknödel mit Rotkohl und brauner Sauce oder auch Pizzaknödel. Dafür noch einen TL Oregano und 50 g vegane Salami, gewürfelt, unter die Knödelmasse kneten. Dazu passt dann Tomatensauce.

Möhrencurry mit Erdnusssauce

- 500 g Kartoffeln
- 750 g Möhren
- 1 Bund Frühlingszwiebeln
- 1 Bund Koriandergrün
- 400 ml Gemüsebrühe
- 100 g Erdnusscreme
- ¼ l heißes Wasser
- 1 EL Sojasauce
- 4 EL Öl
- 2 EL Sesamöl

Kartoffeln und Möhren schälen und in Stifte schneiden. Frühlingszwiebeln putzen, waschen und in Stifte schneiden, dickere Zwiebeln evtl. halbieren. Die Öle in einer Pfanne erhitzen, Curry darin kurz anschwitzen, Möhren und Kartoffeln hinzugeben. Dann mit der Gemüsebrühe auffüllen und 10 min. garen. Die Frühlingszwiebeln hinzugeben, nochmals 5 min. garen. Die Erdnusscreme mit dem heißen Wasser cremig rühren und mit Sojasauce abschmecken.

Das Gemüse auf den Tellern verteilen, mit der Sauce begießen und mit Korianderblättchen bestreuen.

Rote-Beete-Tarte

- 500 g rote Beete
- 125 g Margarine
- 250 g Mehl
- 2 x Eiersatz nach Packungsanweisung zubereitet (siehe Tipps undTricks zum Backen)
- 1 Bund Thymian
- 250 g Sojacreme
- 1 EL süßer Senf
- frisch gemahlener Pfeffer
- 100 g geriebener veganer Käse
- 1 Prise Salz

Rote Beete waschen und in Salzwasser ca. 30 min. kochen, abkühlen lassen. Schälen und in Scheiben schneiden (Handschuhe tragen). Aus Margarine, Mehl, Salz und der Hälfte des Eiersatzes einen Knetteig herstellen. Eine Tarteform mit Margarine einfetten und in die Form drücken. Mit der Gabel einstechen. Bei 180 °C Umluft 10 min. vorbacken. Die rote Beete auf den Boden schichten. Sojacreme, die andere Hälfte des Eiersatzes, Senf und dreiviertel der Thymianblättchen verrühren. Mit Salz und Pfeffer abschmecken. Die

Creme über die rote Beete geben. Mit dem geriebenen Käse bestreuen und die Tarte ca. 30 min. backen. Mit restlichem Thymian verzieren.
Tipp: Dazu passt das Mandeldressing.

Gnocchi auf geschmolzenen Tomaten

* 500 g mehlig kochende Kartoffeln
* 100 g Mehl
* 150 g Grieß
* 2 x Eiersatz nach Packungsanweisung zubereitet (siehe Tipps undTricks zum Backen)
* 2 x The Vegg nach Packungsanweisung zubereitet (siehe Tipps undTricks zum Backen), etwas Mehl
* 1 große Dose geschälte Tomaten
* 2 Knoblauchzehen
* 1 Limette
* 1 Chilischote
* 50 g Margarine
* 1 EL brauner Zucker
* 1 EL Öl
* 2 Bund Koriander
* frisch geriebene Muskatnuss
* Salz, Pfeffer

Für die Gnocchi die Kartoffeln in der Schale gar kochen, warm pellen und durch die Kartoffelpresse drücken. Mit Mehl, Grieß, dem Eiersatz und dem The Vegg zu einem Teig verarbeiten, mit Salz und Pfeffer abschmecken. Den Teig auf einer bemehlten Arbeitsfläche zu 4 ca. 50 cm langen Rollen formen. Aus jeder Rolle 20 Stücke abteilen. Mit der Gabel eine Vertiefung in jedes Stück drücken.

Knoblauch und Ingwer schälen und reiben, Limettenschale ebenfalls abreiben, Saft auspressen. Chilischote entkernen (Achtung: Handschuhe tragen), würfeln. Bis auf den Saft alles in der heißen Margarine andünsten, dann Zucker und Saft hinzufügen. Die Tomaten abtropfen lassen, den Saft auffangen. Den Saft zur Gewürzmischung geben und alles bis auf die Hälfte einkochen lassen. Salzen, Tomaten längs halbieren, hinzugeben, erhitzen, nicht mehr rühren, damit die Tomaten nicht ganz zerfallen.

1,5 l Wasser mit Salz und 1 Esslöffel Öl zum Kochen bringen, die Gnocchi darin 5-6 min ziehen lassen. Die Tomaten mit der Sauce in die vorgewärmten Teller geben, mit Koriander bestreuen und die Gnocchi darauf anrichten.
Tipp: Das Gericht mit geröstetem Sesam bestreuen.

In den beiden nachfolgenden Rezepte können die Nudeln gut durch Gemüsespaghetti ersetzt werden. Dazu wird ein Gemüsespaghettischneider (z.B. von Gefu) benötigt. So können Möhren und/oder Zucchini in „Spaghetti" geschnitten und mit Ragù oder Kokosspinat serviert werden. Wollen mehr als vier Personen essen, wird es etwas anstrengend die Gemüsespaghetti zu drehen – das sollte vorher bedacht werden!

Spaghetti mit Kokosspinat

- 1 Paket Spaghetti
- 2 Dosen Kokosmilch
- 2 TL Speisestärke
- 600 g Blattspinat
- 2 Knoblauchzehen
- 30 g frischen Ingwer
- 2 EL Öl
- ½ Chilischote
- ½ TL Zimt
- 1-2 TL Currypulver
- Salz

Knoblauch und Ingwer schälen und reiben. Die Chilischote waschen, Kerne entfernen und hacken (Achtung: Handschuhe tragen!). Alles zusammen mit Zimt, Curry und der Kokosmilch in einen Topf geben und aufkochen. Mit Salz abschmecken. Die Speisestärke in wenig Flüssigkeit auflösen, unter die Sauce rühren und erneut aufkochen. Die Spaghetti in reichlich Salzwasser al dente kochen. Den Spinat waschen, das Öl in einem Topf erhitzen, den Spinat dazugeben und kurz zusammenfallen lassen. Spinat abtropfen lassen und zur Kokosmilch geben. Nachwürzen. Die Spaghetti auf Tellern anrichten und mit der Kokosspinatsauce servieren.

Tipp: Ein paar Tropfen geröstetes Sesamöl intensivieren das „exotische" Aroma. Auch Kürbiskernöl und ein Teelöffel geröstete Kürbiskerne passen gut zu dem Gericht!

Gemüsespaghetti mit Ragù

- 1 Packung Spaghetti
- 2 Möhren
- 2 Zucchini
- 1 rote Paprika
- 100 g Pilze
- 1 große Dose Tomaten
- 2 EL Olivenöl
- 1 Knoblauchzehe
- etwas Zucker
- Salz, Pfeffer

Möhren, Zucchini und Paprika waschen, auf einer Gemüsereibe in nicht zu feine Stücke reiben. Pilze putzen und in Viertel schneiden. das Gemüse auf ein mit Backpapier ausgelegtes Backblech geben und im vorgeheizten Backofen bei 180 °C ca. 15 min rösten, dabei mehrmals wenden, salzen. Die Tomaten mit dem Öl, dem geriebenen Knoblauch und dem Gemüse in einen Topf geben und sämig einkochen lassen. Mit Salz, Pfeffer und Zucker abschmecken. Die Spaghetti nach Packungsanweisung zubereiten und mit dem Ragù servieren.

5. Kapitel
Süßes nach dem Essen

Mehrmals in der Woche sind wir in der glücklichen Lage, gemeinsam Mittag zu essen. Dazu gehört ein schön gedeckter Tisch, eine Kerze und natürlich ein Dessert. Wir sind dankbar für die Gespräche und das kurze „Innehalten" im manchmal hektischen Arbeits- und Schulalltag.

Ananas-Mangojoghurt

Schoko-Avocado-Mousse

Obstplatte

Süßer Hummus

Dessert

Ananas-Mangojoghurt

- 500g Sojajoghurt
- ½ Ananas
- 2 Mangos
- Agavendicksaft
- 2 TL gemahlene Vanille
- 1 EL geröstete Kokosflocken

Den Joghurt in ein Sieb geben und am besten mehrere Stunden abtropfen lassen. Die Ananas und die Mangos schälen, in Stücke schneiden und mischen. Den abgetropften Joghurt mit Agavendicksaft und Vanille abschmecken, über das Obst geben und mit den gerösteten Kokosflocken bestreuen.

Süßer Hummus

- 200 g Kichererbsen, (gewaschen, über Nacht eingeweicht)
- 2 Zimtstangen
- 4 EL Tahin (Sesammus)
- 2 EL Zucker
- 2 EL Agavendicksaft
- 2 TL gemahlener Zimt
- 1 TL gemahlener Kardamon
- 1 Prise Salz

3 Esslöffel Kichererbsen zur Seite legen, den Rest 10 min. in Wasser kochen, die Zimtstangen hinzufügen und die Kichererbsen garen, bis sie richtig weich sind (ca. 45 min.) Etwas abkühlen lassen. Die Kichererbsen und etwas von dem Kochwasser in einen Mixer füllen. Tahin, Zucker, Agavendicksaft und Gewürze zugeben und alles pürieren, dabei eventuell etwas von dem Kochwasser zugeben. Es soll eine Creme entstehen. In einer Pfanne ein wenig Öl erhitzen und die restlichen Kichererbsen goldbraun braten; auf Küchenpapier abtropfen lassen und in Zucker wenden. Den Hummus in einer Schale anrichten, mit Zimt und den gebratenen Kichererbsen garnieren.

Tipp: 1 Esslöffel Rosenwasser unterrühren. Wenn es schnell gehen soll, können auch Kichererbsen aus der Dose verwendet werden (400 g). Allerdings lassen sich diese nur mit Spritzschutz in der Pfanne anbraten. Alternativ können sie auf einem Backblech in etwas Öl gewendet werden und im Ofen knusprig gebacken werden. Dazu passen frische oder getrocknete Früchte und ein starker Mokka!

Schoko-Avocado-Mousse

- 2 große weiche Avocado
- 4 EL Kakaopulver
- 5 EL Agavendicksaft
- ca. 50 ml Kokosmilch

Das Avocadofleisch mit dem Kakaopulver und dem Agavendicksaft im Mixer cremig aufschlagen, Kokosmilch hinzufügen, bis die gewünschte Konsistenz erreicht ist.

Tipp: Ein paar Tropfen Bittermandel oder Schokostückchen oder 1 Teelöffel Chiliflocken oder eine Handvoll Erdbeeren unterrühren. Einen karamellartigen Geschmack bekommt die Mousse, wenn 1 Esslöffel Mesquitemehl untergerührt wird. Die Mousse eignet sich auch als Tortenfüllung. Die Torte schmeckt allerdings dann frisch am besten!

Pfirsich-Cobbler

- 500 g Pfirsiche
- 175 g Mehl
- 100 g Zucker
- 100 g Margarine
- ½ TL Zimt
- 1 TL gemahlene Vanille

Die Früchte waschen, in Stücke schneiden. Eine Auflaufform einfetten, die Früchte einfüllen. Aus den übrigen Zutaten einen krümeligen Teig herstellen und diesen über die Früchte streuseln.

Den Cobbler im vorgeheizten Backhofen 20 min. bei 160°C Umluft backen, bis die Streusel leicht gebräunt sind. Warm servieren!

Tipp: Natürlich passen auch andere Früchte wie Äpfel, Zwetschgen oder Kirschen gut dazu! Den Cobbler bereiten gerne auch die Kinder zu und naschen schon vor dem Backen von demTeig!

Nusseis

Soo lecker!

- 200 g Nussmus (am liebsten nehme ich Cashewnussmus)
- 15 Eiswürfel
- 50 ml Agavendicksaft
- ½ TL Meersalz
- 1 TL gemahlene Vanille

Alle Zutaten in einen Hochleistungsmixer geben und auf höchster Stufe cremig aufschlagen. Dazu passt z.B. Obstsalat.

Avocadoeis

Ja, Avocado schmeckt auch eiskalt super, probiert es aus!
- 2 sehr reife Avocados
- 2 EL Zitronensaft
- 1 TL gemahlene Vanille
- 1 Prise Salz
- 100 ml Agavendicksaft
- 250 g Eiswürfel

Alle Zutaten in einen Hochleistungsmixer geben und auf höchster Stufe cremig aufschlagen.

Blitzeis

Ein schnelles Dessert nicht nur im Sommer!
- 300 g gefrorene Früchte
- 200 g Soja- oder Hafersahne
- 100 g Puderzucker

Alle Zutaten mit einem Mixer cremig aufschlagen.

Tipp: Die Sojasahne kann ersetzt werden durch Sojajoghurt!

Obstplatte

je nach Jahreszeit z.B.:
- 1 Handvoll Aprikosen
- 1 Handvoll Himbeeren
- 1 Handvoll Heidelbeeren
- 1 Handvoll Rosenblätter
- Puderzucker

Das Obst waschen und evtl. zerteilen. Dekorativ auf einer Platte anrichten, mit Rosenblättern bestreuen und mit Puderzucker bestreuen.

Tipp: Natürlich ist ein Obstteller nichts Neues, aber gerade Kinder mögen Obst zum Dessert, wenn es ansprechend serviert wird. Man kann auch andere Blüten, wie z.B. Gänseblümchen, Borretschblüten, Lavendelblüten oder Hornveilchen verwenden. Ach ja, ein Kügelchen Eis passt natürlich immer dazu!

6. Kapitel
Backen

Kuchen und andere Sweets lassen sich gut vegan herstellen. Mit diesen Rezepten wird ein Kuchenteig locker und sogar der manchmal erwünschte Eigeschmack kann gezaubert werden. Die Grundrezepte lassen sich prima variieren!

Schokoladensahne-Pralinen

Laddus

Erdbeer-Cupcake

Nusstrüffel

Schoko-Bananenkuchen

Pony-Cake

Vanillekipferl

Tipps und Tricks zum Backen

Grundsätzlich lassen sich die meisten herkömmlichen Rezepte vegan zubereiten. Eier, die den Teig lockern und den „runden" Geschmack liefern, lassen sich ersetzen. Dafür gibt es mehrere Möglichkeiten:

Eiersatz von 3Pauli

1 TL Eiersatz wird mit 40 ml Wasser kräftig verrührt und wie ein Ei im Rezept verarbeitet.

Sojamehl

1 EL Sojamehl ersetzt im Kuchenteig 1 Ei.
Werden zur Teiglockerung in einen herkömmlichen Rezept mehr als zwei Eier verwendet, setzt die vegane Küche leider Grenzen. Nach vielem Ausprobieren habe ich ein Rezept gefunden, welches dem Bisquit sehr nahe kommt, der ja eigentlich durch die luftig leichte Konsistenz die Basis für klassische Torten bildet. Dieses Rezept verwende ich also für Torten, aber auch für Kuchen in Gugelhupf- und Kastenformen. Je nach Geschmack mische ich Nüsse, Kakao usw. unter.
Unsere Familie mag keine trockenen Kuchen – vegane Rezepte kommen daher gut an, da diese Kuchen oft „saftig" ausfallen. Schokoladige Kuchen gelingen deshalb besonders gut. Für den Eigeschmack, der ja gerade von „Umsteigern" vermisst wird, gab es lange keine Alternative. Vor kurzem habe ich The Vegg – veganes Eigelb gefunden, das angerührt im Kühlschrank aufbewahrt werden kann und den Eigeschmack imitiert. Sehr gut gelingen damit Pfannkuchen und natürlich Kuchenteig.

The Vegg - veganes Eigelb

Zubereitung nach Packungsanweisung, bei der Verwendung muss Sojamilch oder Sojamehl zugesetzt werden, Soja dient hier als Emulgator. Wie schon im Vorwort erwähnt, dient veganes Eigelb nur dem Geschmack und kann auch weggelassen werden. The Vegg lässt sich über das Internet bestellen.

Tortenfüllungen

Sojasahne zum Aufschlagen findet man mittlerweile in jedem Bioladen. Ich bevorzuge Cresoy von Natumi, da sie im Gegensatz zu anderen Produkten nicht so intensiv nach Soja schmeckt. Soyatoo von Tofutown lässt sich prima aufschlagen und schmeckt leicht süß, eignet sich somit für „süße Sachen"! Hier lohnt sich das Durchprobieren, denn es kommen immer neue Varianten auf den Markt! Mit Zucker und Sahnesteif kann Sojasahne wie Sahne aus Kuhmilch verwendet werden. Dies gelingt leider nicht mit Hafer- oder Reissahne. Wer den Sojageschmack nicht mag, kann die Sahne mit gemahlener Vanille, Zimt, Bittermandel-, Rum- oder Zitronenöl aromatisieren. Auch ein paar Tropfen Rosenwasser passen zu einer Sahne, die z.B. mit frischen Erdbeeren zu einer Erdbeertorte verarbeitet werden soll! Schokoladenraspeln und Sojasahne ergeben eine Stracciatellacreme. Und wer Zeit hat, lässt 200 g Zartbitterschokolade in 400 ml Sojasahne schmelzen, gibt Zucker nach Geschmack hinzu und lässt sie am besten über Nacht abkühlen. Mit einem Paket Sahnesteif bis zur gewünschten Festigkeit aufschlagen und einen Tortenboden damit füllen oder mit einem Spritzbeutel in Pralinenförmchen füllen. **Auch hier gilt:** Ausprobieren, wie sich eigene Lieblingsrezepte „veganisieren" lassen!

Teig

Grundrezept Bisquit

- 300 ml Sojasahne (z.B. CreSoy)
- 1 TL gemahlene Vanille
- 300 g Mehl
- 100 ml neutrales Öl (Raps- oder Maiskeimöl)
- 2 TL Backpulver
- 150 g Zucker
- 1 EL Sojamehl
- 70 ml Sojamilch

Sojasahne im Mixer aufschlagen, etwas ruhen lassen. Anschließend alle Zutaten löffelweise unterheben. Eine Springform mit Backpapier auslegen, Teig einfüllen und bei 160°C Ober- und Unterhitze 20 min. backen. Gut abkühlen lassen und weiterverarbeiten.

Grundrezept Knetteig

- 250 g Mehl
- ½ TL Backpulver
- 100 g Zucker

- 1 Prise Salz
- 1 x Eiersatz nach Packungsanweisung zubereitet (siehe Tipps und Tricks zum Backen)
- 150 g Margarine
- 1 TL gemahlene Vanille

Alle Zutaten mit dem Handrührgerät zu einem Teig verarbeiten.

Tipp: Aus dem Knetteig lassen sich z.B. Kekse ausstechen. Für Weihnachtskekse kann ein Teelöffel Zimt unter das Mehl gehoben werden. Der Teelöffel gemahlene Vanille passt natürlich auch zur Aromatisierung! Der Teig kann z.B. in einer Springform abgebacken werden und anschließend mit Obst belegt und mit veganem Tortenguss glasiert werden.

Grundrezept Rührteig

- 125 g Zucker
- 125 g Margarine
- 3 x Eiersatz nach Packungsanweisung zubereitet (siehe Tipps und Tricks zum Backen)
- 250 g Mehl
- 1 TL Backpulver
- 1 TL gemahlene Vanille

Zucker, Margarine und Eiersatz mit dem Handrührgerät verrühren bis sich der Zucker gelöst hat. Mehl, Backpulver und Vanille hinzufügen. Den Teig verarbeiten.

Grundrezept Sojajoghurt-Öl-Teig

Sojajoghurt-Öl-Teig eignet sich für viele Backwaren. Man kann Brötchen oder einen Osterkranz herstellen; als Teig für Obstkuchen auf dem Blech ist er genau so geeignet, aber auch Gebäckstücke, die herzhaft oder süß belegt werden, lassen sich prima herstellen.

- 150 g Sojajoghurt
- 6 EL Öl
- 6 EL Sojamilch
- 1 Paket Backpulver
- 300 g Mehl
- 1 TL Salz oder 70 g Zucker

Aus den Zutaten je nach Rezept einen Teig mit Salz oder Zucker herstellen und weiterverarbeiten. Bei 180 °C Ober- und Unterhitze ca. 25 min backen.

Kinder-Karotten-Kuchen

- 4 x Eiersatz nach Packungsanweisung zubereitet (siehe Tipps und Tricks zum Backen)
- 4 EL The Vegg (nach Packungsanweisung zubereitet (siehe Tipps und Tricks zum Backen)
- 200 ml mildes Öl
- 1 Glas Karottenpüree (Babykost, 190 g)
- 210 g Zucker
- 230 g Mehl
- 2 TL Backpulver
- 1 TL Salz
- 200 g Puderzucker
- Zitronensaft

Die flüssigen Zutaten mit einem Handrührgerät mixen, dann die übrigen Zutaten hinzufügen und zu einem Teig verrühren. Eine Backform (25x30 cm) oder ein kleines Backblech mit Backpapier auslegen, den Teig einfüllen und bei 160°C Umluft ca. 20 min backen. Den Puderzucker mit wenig Zitronensaft zu einem Guss verrühren und den lauwarmen Kuchen damit bestreichen.
Das vegane Eigelb kann natürlich auch weggelassen werden.

Schoko-Bananenkuchen

- 300 g Mehl
- 200 g Zucker
- 2 TL Backpulver
- 1 TL Natron
- 1 TL gemahlene Vanille
- 250 ml Soja- oder Hafermilch
- 125 ml Öl
- 3 Bananen
- 100 g Mandelstückchen
- 200 g Schokolade

Den Ofen auf 180°C vorheizen. Die trockenen Zutaten vermengen, dann das Öl und die Sojamilch hinzugeben und einen Teig herstellen. Die Bananen klein schneiden und zusammen mit den Schokostückchen und Mandelstückchen unterrühren. In eine Backform geben und ca. 30 min bei 180°C Umluft backen. Den Kuchen abkühlen lassen, Schokolade im Wasserbad schmelzen und den Kuchen damit bestreichen.

Schokokuchen

- 300 g Mehl
- 300 g Zucker
- 2 TL Backpulver
- 6 EL Kakao
- 2 EL Essig
- 10 EL Öl
- 2 Tassen Wasser
- 1 Rezept Schokoladenguss

Die trockenen Zutaten vermengen, dann mit den flüssigen Zutaten verrühren, den Teig in eine Gugelhupfform füllen und 25 min bei 180°C abbacken.

Tipp: 1 Teelöffel Chiliflocken oder eine Handvoll Nüsse unterheben. Der Teig kann auch in einer Springform gebacken werden. Dann verkürzt sich die Backzeit auf ca. 20 min.

Wein-Apfelkuchen

- 250 g Mehl
- 125 g Margarine
- 3 EL Zucker
- 1 EL gemahlene Vanille
- 1 x Eiersatz nach Packungsanweisung zubereitet
- 1 TL Backpulver
- 1 Flasche Weißwein oder Apfelsaft
- 1 kg kleingewürfelte Äpfel
- 200 g Zucker
- 2 Pakete Vanillepuddingpulver
- 400 g Sojasahne
- 2 TL gemahlene Vanille
- 2 Pakete Sahnesteif
- 2 EL Zucker
- 100 g geröstete Mandelblättchen

Aus den ersten 6 Zutaten einen Mürbeteig kneten, kühl stellen. Flüssigkeit aufkochen, Apfelwürfel darin bissfest kochen. Zucker und Puddingpulver mit etwas Flüssigkeit glatt rühren und unter die Äpfel rühren. Eine Springform mit Backpapier auslegen, diese mit dem Teig auskleiden, Rand hochziehen. Die Apfelmasse einfüllen und im vorgeheizten Backofen bei 160°C ca. 50 min backen, evtl. nach 30 min abdecken. Am besten über Nacht auskühlen lassen. Sojasahne mit Vanille, Sahnesteif und Zucker steif schlagen, auf dem Kuchen verstreichen und mit den Mandelblättchen dekorieren.

Schwarzwälder-Kirschtorte (Omas Rezept - veganisiert!)

Herrlich altmodisch ist dieses Rezept; es erinnert mich an Oma, Kaffeeklatsch und „das gute Geschirr mit Goldrand"! Oma meint, dass der Biskuit mit 2-4 Esslöffeln Kirschwasser getränkt werden muss. Ich backe die Torte ohne Alkohol!

Knetteig
* 200 g Mehl
* 1 EL Kakao
* 1 TL Backpulver
* 50 g Zucker
* 100 g Margarine

Einen Knetteig herstellen und diesen in eine mit Backpapier ausgelegte Springform drücken. Den Teig bei 160°C Umluft ca. 15 min. backen.

Biskuit:
* 230 g Mehl
* 100 g Zucker
* 1 Paket Backpulver
* 1 Prise Salz
* ½ TL gemahlene Vanille
* 10 g Kakao
* 40 g Öl
* 240 ml Mineralwasser

Die Zutaten miteinander zu einem Teig verrühren. Bei 160°C Umluft ca. 20 min. backen. Den Biskuitteig auf dem Kuchenrost auskühlen lassen und anschließend durchschneiden.

Kirsch-Füllung:
* 1 Glas Schattenmorellen
* 2 EL Zucker
* 1 Paket roter Tortenguss

Den Tortenguss nach Packungsanweisung mit dem Kirschsaft und dem Zucker zubereiten, die Kirschen einrühren und abkühlen lassen.

Sahne:
* 400 ml Sojasahne (Sojatoo oder Cresoy)
* 2 TL Vanillezucker (ausnahmsweise keine gemahlene Vanille, damit die Sahne hell bleibt – Oma findet ihr Rezept so besser!)
* 3-4 EL Zucker

- 2 Pakete Sahnesteif
- 1 Prise Salz

Die Sahne kurz mit dem Handrührgerät anschlagen, die anderen Zutaten zufügen und bis zur gewünschten Festigkeit schlagen (das dauert etwas länger als bei Kuhsahne!), kühl stellen.

Außerdem:
- 3 EL Sauerkirschmarmelade
- 100 g Raspelschokolade

Jetzt wird geschichtet:

Den Knetteig auf eine Tortenplatte legen, mit der Sauerkirschmarmelade bestreichen, die eine Hälfte Biskuit auflegen. Dann die Kirschen auf dem Boden verteilen. Die Hälfte der Sahne auf die Kirschen geben, den zweiten Boden auflegen. Die Torte mit der restlichen Sahne bestreichen und dekorieren, den Rand mit der Raspelschokolade verzieren. Am besten ein paar Stunden vor dem Servieren durchziehen lassen.

Guss

Ich habe hier verschiedene Kuchentoppings aufgeführt, die je nach Geschmack verwendet werden können und sowohl für Muffins und Cupcakes als auch für alle anderen Arten von Kuchen das „Tüpfelchen auf dem i" sind. Zum Dekorieren finden sich in Bioläden mittlerweile auch vegane Zucker-blumen, bunte Zuckerstreusel und natürlich Marzipanrohmasse, mit der man gerade auch Kindergeburtstagskuchen verzieren kann!

Schokoladenguss

- 125 g Zartbitterschokolade
- 1 EL Margarine
- 1 EL Agavendicksaft
- 50 ml Sojasahne (z.B. Cresoy)
- 1 TL gemahlene Vanille

Alle Zutaten im Wasserbad schmelzen und verrühren. Etwas abkühlen lassen um einen Kuchen zu glasieren. Dieser Guss ist auch kalt etwas cremig und glänzt schön. Er passt zum Schokokuchen, auf Muffins und überall wo Schoki gefragt ist!

Cupcakeguss dunkel

- 200 g Puderzucker
- 100 g Kakao
- 80 g Margarine
- etwas Soja- oder Hafermilch

Alle Zutaten mit einem Pürierstab cremig aufschlagen. Dieser Guss passt zu Muffins oder Kuchen und kann mit einem Spritzbeutel aufgetragen werden.

Cupcakeguss hell

- 200 g Puderzucker
- 25 g Margarine
- 2 TL gemahlene Vanille
- 50 g Mehl (405)
- 50 ml Soja- oder Reismilch (oder Wasser)

Alle Zutaten mit einem Pürierstab cremig aufschlagen.
Tipp: Der Guss wird weihnachtlich, wenn 1 Teelöffel Zimt untergerührt wird. Wenn man 1 Esslöffel der Flüssigkeit durch Zitronensaft ersetzt und 1 Teelöffel gemahlene Zitronenschale hinzugibt, wird daraus ein Zitronenguss. Auch dieser Guss kann mit einem Spritzbeutel aufgetragen werden.

Erdbeertopping

- 180 g Puderzucker
- 90 g Margarine (Zimmertemperatur)
- 1 EL Erdbeerfruchtaufstrich oder Erdbeermarmelade

Alle Zutaten mit dem Handrührgerät schaumig rühren. Das Topping in den Kühlschrank stellen, bis es so fest geworden ist, dass ein Messerschnitt sichtbar bleibt. Mit einem Löffel durchrühren, in einen Spritzbeutel füllen und das Gebäck verzieren.

Cupcakes

Pony-Cakes

Die kleinen süßen Zuckerponies, die meine Tochter geschenkt bekam, gaben diesen Kuchen den Namen!

- 190 g Mehl
- 2 TL Backpulver
- ½ TL Natron
- 75 g Schokostreusel
- 2 x Eiersatz nach Packungsanweisung zubereitet (siehe Tipps und Tricks zum Backen)
- 120 g Zucker
- 80 ml Pflanzenöl
- 4 reife Bananen
- 1 Rezept Schokoladenguss

Die ersten 4 Zutaten vermischen. Eiersatz, Zucker, Öl und die zerdrückten Bananen verrühren. Die Mehlmischung hinzufügen und alles kurz zu einem Teig verrühren. Ein Muffinblech mit Papierförmchen auslegen, den Teig jeweils dreiviertel hoch in die Muffinförmchen geben. Bei 160°C Umluft ca. 20 min. backen. Den Schokoladenguss herstellen und die erkalteten Ponycakes damit verzieren.

Schoko-Cupcakes

- 70 g Margarine
- 200 g Zucker
- 1 TL gemahlene Vanille
- 1 x Eiersatz nach Packungsanweisung zubereitet (siehe Tipps und Tricks zum Backen)

- 210 ml Soja- oder Hafermilch
- 1 TL Essig
- 300 g Mehl
- 2 TL Backpulver
- 1 TL Salz
- 80 g Kakao
- 60 g Schokoflocken
- 1 Rezept Cupcakeguss dunkel

Margarine, Zucker, Vanille und Eiersatz mit dem Handrührgerät verrühren. Milch und Essig mischen, dann unter die Margarinemischung rühren. Die trockenen Zutaten Mehl, Backpulver, Salz, Kakao und Schokoflocken in die Margarinemischung geben und ca. 1 min verrühren. Ein Muffinblech mit Papierförmchen auslegen, den Teig jeweils dreiviertel hoch in die Muffinförmchen geben. Bei 160 °C Umluft ca. 15 min. backen. Den Guss herstellen und die erkalteten Cupcakes damit verzieren.

Heidelbeermuffins

„Blueberrymuffins" im Pick up auf dem Highway Number One! Yummy!
- 200 g Mehl
- 80 g Haferflocken
- 2 TL Backpulver
- ½ TL Natron
- 2 x Eiersatz nach Packungsanweisung zubereitet (siehe Tipps und Tricks zum Backen)
- 180 g Zucker
- 150 g Margarine
- 1 TL gemahlene Vanille
- 250 g Sojajoghurt
- 200 g Heidelbeeren

Die ersten 4 Zutaten vermischen. Eiersatz, Zucker, Margarine, Vanille mit dem Handrührgerät verrühren, dann den Sojajoghurt unterrühren. Die Mehlmischung hinzugeben, alles verrühren und zum Schluss die Heidelbeeren unterheben. Ein Muffinblech mit Papierförmchen auslegen, den Teig jeweils dreiviertel hoch in die Muffinförmchen geben. Bei 160 °C Umluft ca. 20 min. backen.

Tipp: Tiefgekühlte Heidelbeeren nicht auftauen. Heidelbeeren aus dem Glas vorher in einem Sieb abtropfen. Die Muffins schmecken lauwarm am besten.

Erdbeer-Cupcakes

- 70 g Margarine
- 200 g Zucker
- 1 TL gemahlene Vanille
- 3 Tropfen Mandelaroma
- 1 x Eiersatz nach Packungsanweisung zubereitet (siehe Tipps und Tricks zum Backen)
- 210 ml Soja- oder Hafermilch
- 1 TL Essig
- 350 g Mehl
- 2 TL Backpulver
- 1 TL Salz
- 1 Rezept Erdbeertopping

Margarine, Zucker, Vanille, Mandelaroma und Eiersatz mit dem Handrührgerät verrühren. Milch und Essig mischen, dann unter die Margarinemischung rühren. Die trockenen Zutaten Mehl, Backpulver, Salz in die Margarinemischung geben und ca. 1 min. verrühren. Ein Muffinblech mit Papierförmchen auslegen, den Teig jeweils dreiviertel hoch in die Muffinförmchen geben. Bei 160°C Umluft ca. 15 min. backen. Den Guss herstellen und die erkalteten Cupcakes damit verzieren.

Sweets

Peanut Butter Cups

für 15 Stück
- 15 Pralinen-Förmchen aus Papier
- 100 g Schokolade, zartbitter
- 3 gehäufte EL gesalzene (!) Erdnussbutter (am besten Creamy)
- 1-2 EL Puderzucker (nach Geschmack), Salz
- ½ TL gemahlene Vanille

Die Schokolade im Wasserbad schmelzen, in die Förmchen gießen und und die restliche Schokolade wieder ausgießen, so dass Schokoladenförmchen entstehen. Kühl stellen! Die Peanutbutter mit Puderzucker, Salz und Vanille abschmecken, jeweils einen Teelöffel Masse in die Schokoladenförmchen geben und glatt streichen. Mit der restlichen flüssigen Schokolade betreichen und abkühlen lassen!
Tipp: Die Peanutbuttermasse sollte mindestens Zimmertemperatur haben, damit sie sich gut in die Förmchen streichen lässt.

Laddus

Köstliches Kichererbsenkonfekt zu Ehren Ganeshas. Verschenke Laddus an deine Liebsten und wünsche ihnen damit Glück, Heiterkeit, Liebe, Sonne! Im indischen Original werden die Laddus mit Ghee, dem Butterfett zubereitet.

- 350 g Margarine
- 400 g Kichererbsenmehl
- 4 EL gehackte Mandeln
- 2 EL Kokosraspeln
- 250 g Puderzucker
- 1 TL Kardamonkapseln, Inhalt im Mörser zerdrückt

Die Margarine in einer Pfanne auf kleiner Flamme schmelzen, dann das Kichererbsenmehl mit einem hölzernen Kochlöffel einrühren. Das Mehl unter ständigem Rühren rösten, bis es einen nussartigen Geruch ausströmt. Das dauert ca. 10 min. (Achtung: Das Mehl brennt leicht an und wird dann bitter!) Jetzt die Kokosraspeln, die Mandeln und den gemahlenen Kardamon unterrühren und weitere 2 min. rösten, dabei gut umrühren. Die Pfanne vom Feuer nehmen, den Puderzucker dazugeben und mit einer Gabel gründlich vermischen, bis eine geschmeidige Masse entstanden ist. Etwas abkühlen lassen und mit angefeuchteten Händen 12 bis 15 walnussgroße Bällchen formen. Erkalten lassen und in einer Dose aufbewahren.

Tipp: Kokosraspeln und Kardamom weglassen, 1 Esslöffel Rosenwasser zum Schluss unterrühren. Die Laddus schmecken auch ganz ohne Kokos und Mandeln!

Nusstrüffel

- 200 g Zartbitterschokolade
- 75 g Margarine
- 75 g Puderzucker
- 1 TL gemahlene Vanille oder Zimt
- Rumaroma nach Geschmack
- 75 g gemahlene Haselnusskerne

Die Schokolade im Wasserbad schmelzen, etwas abkühlen lassen. Die gemahlenen Haselnusskerne in einer Pfanne anrösten, ebenfalls abkühlen lassen. Margarine, Zucker, und die Gewürze mit dem Handrührgerät geschmeidig rühren. Die Schokolade und zweidrittel der Nüsse unterrühren, die Masse kühl stellen. Kleine Kugeln formen und in den restlichen Haselnüssen wälzen.

Tipp: Die Haselnüsse können z.B. durch Mandeln oder Kokosflocken ersetzt werden.

Schokocrossies

- 200 g Schokolade
- 100 g Mandelsplitter, geröstet
- 70 g Cornflakes

Die Schokolade im Wasserbad schmelzen, Mandelsplitter und Cornflakes unterrühren und mit einem Teelöffel kleine Häufchen auf Backpapier setzen. Erkalten lassen.

Tipp: 80 g Mandelsplitter und 20 g Rosinen oder Cranberries unterrühren. Weiße Crossies können mit 200 g weißer Reismilchschokolade hergestellt werden (gibt es von Bonvita im Reformhaus oder Bioladen).

Nussfrei werden die Schokocrossies, wenn die Mandelsplitter weggelassen werden.

Kekse

Pfefferkuchen auf dem Blech

- 300 g Rübensirup
- 150 g Zucker
- 50 g Margarine
- 125 ml Kaffee
- etwas Salz
- 500 g Mehl
- 1 Paket Backpulver
- 1 x Eiersatz nach Packungsanweisung zubereitet (siehe Tipps und Tricks zum Backen)
- 5 Tropfen Bittermandelöl
- 1 Fläschchen Rumaroma
- ½ TL Nelkenpfeffer
- 1 TL Zimt
- Quittengelee
- Puderzucker, Zitronensaft

Sirup, Margarine, Zucker, Salz und Kaffee erwärmen, abkühlen lassen. Alle anderen Zutaten unter die Masse rühren, auf ein mit Backpapier ausgelegten Backblech geben und bei 160°C Umluft ca. 20 min backen, abkühlen lassen. Den Kuchen mit Quittengelee bestreichen. Puderzucker mit wenig Zitronensaft zu einem Guss verrühren und den Kuchen damit bestreichen, in Streifen schneiden und in einer Dose aufbewahren.

Spitzbuben

- 375g Mehl
- 1 TL Backpulver
- 200 g Zucker
- 1 TL gemahlene Vanille
- 250 g Margarine
- 125 g gemahlene Mandeln
- Johannisbeergelee

Einen Knetteig bereiten, kühl stellen. Runde Kekse ausstechen, im vorgeheizten Backofen 8 min bei 160°C Ober- und Unterhitze backen. Etwas abkühlen lassen, dann mit Johannisbeergelee zusammensetzen.

Catis Espresso-Orangen-Kekse

Diese etwas herben Kekse erinnern mich an Cati, die wortkarge Friesin, die mir dieses Rezept vor 25 Jahren aufschrieb! Es gibt Rezepte, die passen eben ganz genau zu einem Menschen!
Ergibt ca. 40 Kekse!

- 140 g Margarine
- 50 g Puderzucker
- 120 g Mehl
- 20 g Kakao
- ½ EL lösliches Espressopulver
- 20 g Raspelschokolade zartbitter
- 150 g Orangenmarmelade
- 200 g Schokolade zartbitter

Aus den ersten sechs Zutaten einen Teig herstellen, Kugeln formen, mit den Zinken einer Gabel flach drücken. Bei 160°C Umluft ca. 8-10 min. backen. Orangenmarmelade erwärmen, Schokolade im Wasserbad schmelzen. Die kalten Plätzchen erst in die Marmelade, dann die Marmeladenseite in die flüssige Schokolade tauchen. Auf Backpapier erkalten lassen.
Tipp: Nicht zu dunkel werden lassen, da die Kekse sonst bitter werden! Orangenmarmelade mit Stückchen schmeckt besonders gut zu diesen Keksen, aber nicht verzweifeln, wenn die Schalenstücke in der flüssigen Schokolade landen! Man kann die flüssige Schokolade auch mit einem Löffel über die Marmeladenseite streichen!

Vanillekipferl

- 250 g Mehl
- 200 g Margarine
- 125 g Zucker
- 125 gemahlene Mandeln
- 3 x The Vegg nach Packungsanweisung zubereitet (siehe Tipps und Tricks zum Backen)
- 1 TL gemahlene Vanille
- Puderzucker

Einen Knetteig bereiten, kühl stellen. Mit einem Teelöffel ein Stück Teig abstechen, zwischen den Handflächen zu Kipferln formen. Im vorgeheizten Backofen 10 min. bei 160°C Ober- und Unterhitze backen. Puderzucker mit der Vanille mischen und die noch warmen Kipferl damit bestreuen.

Tipp: Das vegane Eigelb kann natürlich auch weggelassen werden. Dann muss die Flüssigkeit durch 50 ml Sojasahne ersetzt werden.

Knuts ostfriesische Orangenplätzchen

- 200 g Mehl
- 75 g Stärke
- 1 TL Backpulver
- 1 Prise Salz
- 1 TL gemahlene Vanille
- 150 g Margarine
- Einen Knetteig bereiten und kühl stellen.
- 1 Bioorange
- 100 g gemahlene Mandeln
- 75 g Zucker
- 100 g Puderzucker
- 2 EL Orangensaft

Orangenschale abreiben, Saft auspressen. Orangenschale mit Mandeln und Zucker zu einer Masse verrühren. Den Teig ca. 3 mm ausrollen, runde Plätzchen (6 cm) ausstechen, etwas Mandelfüllung auf die Hälfte eines Plätzchens streichen und überklappen. Teigränder mit einer Gabel zusammendrücken. Im vorgeheizten Backofen bei 180°C Umluft ca. 15 min. backen. Puderzucker mit wenig Orangensaft zu einem Guss verrühren und die warmen Plätzchen damit bestreichen.

Lebkuchenhaus

Der Bau eines Lebkuchenhauses gehört jedes Jahr am 6. Dezember zum Ritual unserer Familie. Oma und die Enkel verzieren das Haus nach allen Regeln der Kunst und naschen ...

Den Teig am besten zwei Tage vorher anrühren, über Nacht kühl stellen, am nächsten Tag den Teig backen und das Haus zusammensetzen. Alles gut durchtrocknen lassen bevor das Haus dekoriert wird.

* 180 g Rübensirup
* 200 g Zucker
* 30 g Lebkuchengewürz
* 280 g Margarine
* 1 TL Natron
* 1 Prise Salz
* 750 g Mehl

90 ml Wasser mit dem Sirup und dem Zucker aufkochen. Lebkuchengewürz und Margarine hinzufügen und verrühren. Zum Schluss Natron und Salz unterrühren und die Masse etwas abkühlen lassen. Mehl unterkneten und den Teig am besten über Nacht kühl stellen. Den Teig am nächsten Tag in kleinen Portionen ca. 6 cm dick auf Backpapier ausrollen. Die Schablonen ausschneiden, auf den Teig legen und je 2 Dächer, 2 Seiten und Vorder- und Rückseite aus dem Teig schneiden. Hausteile auf Backpapier legen. Aus der Vorderseite noch Fenster und eine Tür ausschneiden. Im Backofen bei 180°C Umluft ca. 15 min. backen. Aus dem restlichen Teig Tannenbäume, evtl. Zaunteile und/oder Kekse ausschneiden und ebenfalls backen.

* 500 g Puderzucker
* 3 x Eiersatz nach Packungsanweisung zubereitet (siehe Tipps und Tricks zum Backen)

Puderzucker löffelweise mit Eiersatz zu einem sehr dickflüssigen Guss rühren. **Achtung:** Der Guss wird schnell zu dünn, deshalb wirklich sparsam den Eiersatz unterrühren. Die Hausteile damit auf einer größeren Platte zusammensetzen. Das Haus gut durchtrocknen lassen. Verziert wird das Haus mit den ebenfalls gebackenen Tannenbäumen, dem Zaun und veganen Süßigkeiten. Zum Ankleben der Süßigkeiten wieder einen zähflüssigen Guss anrühren.

* 500 g Puderzucker
* 3 x Eiersatz nach Packungsanweisung zubereitet (siehe Tipps und Tricks zum Backen)

Der Spaß besteht auch darin, dass nicht alles so kleben bleibt, wie Oma und Enkel das gerne hätten. Schon aus diesem Grund muss sehr viel „Heruntergerutschtes" aufgenascht werden. In einem Jahr stürzte das Haus sogar ein und musste mit Geschenkband zusammengehalten werden! Aber gerade von diesem „Ruinenhaus" erzählen unsere Kinder noch heute!

Tipp: Die Vorlage der Bauteile finden Sie auf
www.helene-holunder.de

7. Kapitel
Das soll auch erwähnt werden

Getränke, Geburtstagskuchen, Teatime, Brote, Marmelade, und Salz und Öl

Fleur de sel mit Vanille

Sommerlimonade

Brot

Geburtstagsgugelhupf

Ingwerlimonade

Gurkensandwich

Pfannkuchentorte

Getränke

Sommerlimonade

- 2 Zitronen, ungespritzt
- 2 Zweige Pfefferminze
- 1 kleiner Zweig Basilikum
- 2 Handvoll Eiswürfel
- 1 Flasche Mineralwasser
- Agavendicksaft

Die Zitronen waschen, in Scheiben schneiden, zusammen mit der Pfefferminze und dem Basilikum in einen Glaskrug geben. Mit einem Stößel alles zerdrücken, die Blätter aber nicht zerreiben! 3-4 Esslöffel Agavendicksaft hinzufügen, umrühren, Eiswürfel hinzufügen und mit dem Mineralwasser auffüllen.

Ingwerlimonade

- 1 Stück Ingwer (ca. 5 cm)
- 1 Zitrone
- 2 Limetten
- Agavendicksaft
- 1 Flasche Mineralwasser

Den Ingwer schälen und reiben. Die Zitrone auspressen. Die Limetten waschen. Eine Limette schälen, dann auspressen, die zweite Limette in Scheiben schneiden. Ingwer, Saft und Limettenscheiben in einen Krug füllen und mit 3-4 Esslöffel Agavendicksaft verrühren. Das Mineralwasser hinzugeben und gut umrühren. Mit der Limettenschale dekorieren.
Tipp: Pfefferminze hinzufügen.

Pineapple mint water

- 1 Zweig Pfefferminze
- 2 Handvoll frische Ananasstückchen
- Eis, Mineralwasser

Die Pfefferminze in das Glas füllen, mit dem Stößel leicht zerdrücken, Ananas dazugeben, ebenfalls zerdrücken. Zum Schluss Eis bis zum Rand hinzufügen und mit dem Mineralwasser auffüllen. Deckel auflegen und die Mischung zum Durchziehen in den Kühlschrank stellen.

Flavoured water: In den USA gibt es spezielle Krüge mit Deckel, die gefüllt in den Kühlschrank gestellt werden können. Ein großes Einmachglas tut es auch!

Rasberry lime water

- 2 Limetten geviertelt
- 2 Handvoll Himbeeren
- Eis, Mineralwasser

Die Limetten ausdrücken, zusammen mit dem Saft und den
Himbeeren in das Glas füllen.
Die Früchte mit einem Stößel
zerdrücken, Eis bis zum Rand
hinzufügen und mit Mineralwasser auffüllen. Den Deckel
auflegen und die Mischung in
den Kühlschrank stellen. Das
Wasser schmeckt auch nach einer Nacht des Durchziehens.

Apfelpunsch

- 1 Liter Apfelsaft
- 1 Liter Orangensaft
- 1 Stange Zimt, 2 Sternanis, 1 kleines Stück Ingwer

oder

- 2 Teebeutel Sweet Chai/Yogitee
- brauner Zucker oder Agavendicksaft

Den Saft mit den Gewürzen oder den Teebeuteln erhitzen und 10 min ziehen
lassen, evtl. süßen und heiß servieren.

Smoothies

Upps, wo ist das Rezept?
Es gibt von mir keines, dafür aber eine Anmerkung zu den gerade populären
Smoothies: Die Unmengen Früchte und Gemüse, die sich in einem Glas
Smothie „verstecken", machen, würde man sie kauend genießen, schon sehr
satt. Früchte und Gemüse können optimal verwertet werden, wenn sie mit den
Zähnen zerteilt, eingespeichelt und dann geschluckt werden. Abgesehen von
krankheitsbedingten Ausnahmen sehe ich keine Notwendigkeit darin, in drei
Schlucken ein ganzes Dessert zu „verschlingen", zumal es bei einem Glas ja oft
nicht bleibt! Liebe Leute, wir haben Zähne zum kraftvollen Zubeißen!

Geburtstagskuchen

Rituale in der Familie sind wichtig! Den Geburtstagsgugelhupf bekommt jedes Familienmitglied mit einem Geburtstagslied ans Bett gebracht! Zum Frühstück wird das erste Stück Kuchen dann bereits gegessen! Als die Kinder noch klein waren, wünschten sie sich dann zu ihrer Geburtstagsfeier außerdem noch die Pfannkuchentorte – das hat sich bis heute nicht geändert.

Pfannkuchentorte

- 1 Tasse Apfelsaft
- 1 Tasse Hafer-, oder Soja-, oder Reismilch
- 2 Tassen Mehl
- 1 TL Backpulver
- 1 Prise Salz
- 2 Dosen Kokosmilch
- 6 EL Zucker
- 6 EL Reismehl
- 250 g Himbeeren oder Erdbeeren
- 1 Glas Johannisbeergelee
- Schokoladenplätzchen zum Verzieren

Die ersten fünf Zutaten zu einem Teig verrühren, 10 min. quellen lassen. Dann ca. 6 Pfannkuchen daraus backen und abkühlen lassen.

Die Kokosmilch in einen Topf geben, Reismehl und Zucker klümpchenfrei unterrühren. Die Kokosmilch dicklich einkochen, abkühlen lassen.

Die Beeren waschen, evtl. Erdbeeren vierteln. Einen Pfannkuchen mit etwas Creme bestreichen, 2-3 Teelöffel Gelee und ein paar Beeren darauf verteilen, mit einem zweiten Pfannkuchen bedecken. Weiter so verfahren, abschließen mit einem Pfannkuchen. Die Pfannkuchentorte mit Creme, Beeren und Schokoplätzchen dekorieren.

Tipp: Die Torte lässt sich am besten mit einem elektrischen Messer schneiden. Sie sollte möglichst frisch gegessen werden, da sich durch die Früchte schnell Flüssigkeit bildet.

Geburtstagsgugelhupf

- 70 g Zucker
- ½ TL gemahlene Vanille
- 125 g Soja- oder Hafermilch
- 80 ml neutrales Öl
- 1 El Essig
- 125 g Mehl
- ½ Paket Backpulver
- 150 g Puderzucker
- Zitronensaft

Die ersten fünf Zutaten verrühren, Mehl mit Backpulver mischen und dann unterrühren. Bei 160°C in einer Gugelhupfform ca. 20 min. bei Umluft backen. Auskühlen lassen, stürzen. Aus Puderzucker und Zitronensaft einen Guss herstellen und den Kuchen damit bestreichen.

Scones

- 250 g Mehl
- ½ TL Salz
- 1 EL Zucker
- 2 TL Backpulver
- ½ TL Natron
- 30 g Margarine
- 150 ml Sojamilch
- Sojamilch zum Bestreichen

Einen Teig herstellen und diesen ca. 15 min. im Kühlschrank ruhen lassen. Anschließend ca. 2 cm dick ausrollen und mit einem Glas Scones ausstechen, auf ein Backblech legen, etwas ruhen lassen und dann mit Sojamilch bestreichen. Bei 200 °C ca. 10 min. backen. Dazu passt leicht gesüßte, geschlagene Sojasahne und Erdbeermarmelade.

Gurkensandwich

- Toastbrot
- Margarine
- Fleur de sel
- 1 Salatgurke
- frisch gemahlener Pfeffer

Margarine mit Fleur de sel nach Geschmack verrühren. Jeweils zwei Scheiben Toast mit der gesalzenen Margarine bestreichen. Gurke schälen, längs in dünne Scheiben hobeln, das Innere der Gurke nicht verwenden. Eine Scheibe Toast mit Gurke belegen, pfeffern und die zweite Scheibe Toast auflegen, die Ränder abschneiden und zum Schluss diagonal durchschneiden.

Tipp: Ein „Happs" und das Sandwich ist weg – also lieber gleich das ganze Toastbrot verarbeiten!

Tipp: Die Gurkenscheiben mit Dill oder Kresse bestreuen.

Zum Gurkensandwich gehört eine Tasse Tee! Im englischen Königshaus darf das traditionelle Gurkensandwich übrigens nicht diagonal durchgeschnitten werden, denn da sind die Royals abergläubisch: „Was eckig ist, wird nicht gegessen!" Ah ja!

Amerikaner

Traditionalisten mögen die Nase rümpfen – ich finde, Amerikaner und Earl Grey passen gut zusammen!

- 100 g Margarine
- 100 g Zucker
- 1 TL gemahlene Vanille
- 1 Prise Salz
- 2 x Eiersatz nach Packungsanweisung zubereitet (siehe Tipps und Tricks zum Backen)
- 4 EL Soja- oder Hafermilch
- 250 g Mehl
- 1 Paket Vanillepuddingpulver
- 3 TL Backpulver

Guss:

- 250 g Puderzucker
- Zitronensaft

Die ersten 7 Zutaten miteinander verrühren, Mehl, Vanillepuddingpulver und Backpulver unterrühren. Den Teig mit zwei feuchten Esslöffeln zu Häufchen von etwa 5 cm Durchmesser und 2 cm Höhe auf ein mit Backpapier ausgelegtes Backblech setzen. Mit einem gut feuchten Esslöffel in die typisch halbrunde Amerikaner-Form streichen. Bei 150°C Umluft ca. 10 min backen, nicht zu braun werden lassen, dann auskühlen lassen. Puderzucker mit wenig Zitronensaft zu einem Guss verrühren und die Unterseite der Amerikaner mit dem Guss bestreichen.

Brot und Brötchen

Blitzbrot

- 500 ml warmes Wasser
- 2 Pakete Trockenhefe oder 1 Würfel Frischhefe
- 1 EL Rübensirup
- 675 g Vollkornmehl
- 2 TL Salz

Wasser, Hefe, Rübensirup verrühren, bis die Hefe sich aufgelöst hat. Erst Mehl, dann Salz hinzufügen, einen Teig herstellen und gut durchkneten. Eine Kastenform einfetten, den Teig einfüllen und auf die untere Schiene in den kalten Backofen schieben. Den Ofen auf 180°C Umluft stellen und das Brot ca. 45 min. backen. Das Brot aus der Kastenform nehmen und auf einem Rost auskühlen lassen. Garprobe: Die Unterseite des Brotes hört sich hohl an, wenn man dagegen klopft.

Tipp: Das Salz nicht direkt mit der Hefe verrühren, da es zu einer Triebverzögerung kommen kann.

Ein Nussbrot wird aus dem Rezept, wenn dem Teig eine Handvoll Nüsse, evtl. gehackt, untergemischt werden. Eine Handvoll frische oder 2 Esslöffel getrocknete Kräuter unter den Teig kneten – ein duftendes Kräuterbrot entsteht. Eine Handvoll Rosinen und 1-2 Esslöffel Zucker machen aus dem Teig ein Rosinenbrot. Das Brot kann auch als Laib geformt abgebacken werden.

Brötchen

- 1 Rezept Blitzbrot

Einen Teig herstellen und 8 Brötchen formen. Die Brötchen leicht einschneiden, auf ein mit Backpapier belegtes Backblech legen und in den kalten Ofen auf die untere Schiene schieben. Den Ofen auf 160°C Umluft stellen und die Brötchen ca. 20 min backen.

Focaccia

- 500 g Mehl
- 20 g frische Hefe
- 1 TL Zucker
- 1 TL Salz
- 5 EL Olivenöl
- Mehl für die Arbeitsfläche und das Backblech
- Rosmarin und Thymian

Mehl in eine große Schüssel sieben, in die Mitte eine Mulde drücken. Hefe und Zucker in $^3/_8$ l lauwarmem Wasser auflösen und in die Mulde gießen. Zugedeckt 30 min. gehen lassen. 3 EL Olivenöl und Salz unterrühren und den Teig gut durchkneten (am besten mit einer Küchenmaschine 5 min). Zugedeckt nochmals ca. 1 Stunde gehen lassen. Backofen auf 220°C vorheizen. Den Teig halbieren und zu dicken Fladen ausrollen, diese auf die bemehlten Bleche legen. Mit den Fingern Dellen in die Oberfläche drücken. Ein weiteres Mal zudecken und eine weitere halbe Stunde gehen lassen. Mit dem restlichen Öl bestreichen, mit Rosmarinnadeln und Thymian bestreuen. Auf der mittleren Schiene bei 220°C Umluft ca. 15 min. backen.

Tipp: Kürbis, Zucchini, Zwiebeln schneiden, würzen mit Olivenöl und Rosmarin/Thymian/Oregano/Salz. Das Gemüse auf dem Blech backen, anschließend die fertige Foccacia damit belegen oder die ungebackene Foccacia mit dem rohen Gemüse belegen und zusammen backen!

Osterkranz aus „Sojajoghurt"-Öl-Teig

„Sojajoghurt"-Öl-Teig eignet sich für viele Backwaren. Man kann Brötchen oder einen Osterkranz herstellen; als Teig für Obstkuchen auf dem Blech ist er genau so geeignet, aber auch Gebäckstücke, die herzhaft oder süß belegt werden, lassen sich prima herstellen.

* 150 g Sojajoghurt
* 6 EL Öl
* 6 EL Sojamilch
* 1 Paket Backpulver
* 300 g Mehl
* 70g Zucker

Aus den Zutaten einen Teig herstellen und in drei Stänge teilen. Daraus einen Zopf flechten, als Kranz auf ein mit Backpapier belegtes Backblech legen und mit Sojamilch betreichen. Bei 180 °C Ober- und Unterhitze ca. 25 min. backen.
Tipp: Aus dem Teig 6 Brötchen formen und abbacken.

Fruchtaufstrich

Dieser Fruchtaufstrich wird nicht gekocht, der Fruchtgeschmack ist viel intensiver und wertvolle Inhaltsstoffe bleiben erhalten! Ich nehme dafür feinen Zucker und Johannesbrotkernmehl zum Gelieren; der Aufstrich bleibt zwar etwas flüssiger, dafür esse ich aber keine Zusatzstoffe. Hier scheiden sich allerdings die Geister: Die einen stört es nicht, wenn man einen Löffel benötigt, um die pürierte Erdbeere aus dem Glas auf das Brötchen zu befördern, die anderen verzichten dann lieber ganz auf das Geschmackserlebnis! Nun, es gibt auch eine Gelierzuckermischung speziell für kaltgerührte Fruchtaufstriche die allerdings Carrageen enthält. Probiert deshalb einfach mal meine Rezepte aus!

Erdbeeraufstrich

* 250 g Erdbeeren
* 250 g feiner Zucker
* Saft ½ Zitrone
* 1-2 TL Johannesbrotkernmehl

Erdbeeren waschen und zerkleinern. Mit 100 g Zucker vermischen, Saft ziehen lassen. Zusammen mit dem restlichen Zucker, dem Johannesbrotkernmehl und dem Zitronensaft 5 min. mit dem Pürierstab oder der Küchenmaschine rühren. Den Aufstrich am besten über Nacht im Kühlschrank ruhen lassen. Dort hält er sich ca. eine Woche, wenn er nicht schon vorher aufgegessen wurde!

Banane-Kiwi-Aufstrich

- Saft von ½ Orange
- 170 g Bananenfruchtfleisch
- 200 g Kiwifruchtfleisch
- 200 g feiner Zucker
- 1-2 TL Johannesbrotkernmehl
- 3 Tropfen Rumaroma

Bananen in Stücke schneiden, mit dem Saft der Orange vermischen. Kiwis der Länge nach vierteln, Mittelstrunk herausschneiden, in Stücke schneiden zu den Bananen geben. Alles mit 100 g Zucker vermischen, Saft ziehen lassen. Dann mit dem restlichen Zucker und dem Johannesbrotkernmehl 5 min. mit dem Pürierstab oder der Küchenmaschine rühren. Mit dem Rumaroma abschmecken. Den Aufstrich am besten über Nacht im Kühlschrank ruhen lassen. Auch dieser Aufstrich hält sich im Kühlschrank ca. eine Woche!

Salz und Öl

Fleur de sel mit Vanille

„Lecker" ist so einfach: Frisches Brot, ein paar Tropfen gutes Olivenöl und Fleur de sel mit Vanille! Genießt dabei den Sonnenuntergang an einem lauen Sommerabend oder denkt ihn euch!

- 100 g Fleur de sel oder Meersalz
- 1 TL gemahlene Vanille

In einem Marmeladenglas Salz und Vanille vorsichtig vermischen – Fertig!

Tipp: Fleur de sel, das sind Salzblumen, die z.B. in Frankreich „geerntet" werden. Dieses Salz ist sehr fein und etwas „knusprig". Es gibt fertigen Gerichten den Kick! Man kann auch feines Meersalz verwenden, allerdings ist der Geschmack eher „robust"! Man bekommt das Salz z.B. im Bioladen.

Chili-Zimt-Salz

Ebenfalls zu Brot und Olivenöl, aber auch zu Salaten, Tofu usw. – probiert aus!

- 100 g feines Meersalz
- 1 TL Zimt
- 1 TL Chiliflocken

In einem Marmeladenglas Salz, Zimt und Chili vermischen – Fertig!

Vanille-Chili-Öl

Das Öl toppt Salat oder ein Stückchen warmes Brot!

- 1 Flasche fruchtiges Olivenöl
- 1 Vanillestange
- 1 TL Chiliflocken

Die Vanillestange der Länge nach aufschneiden, das Mark mit einem Löffel abschaben und zusammen mit den Chiliflocken und der Vanillestange in die Flasche mit dem Öl geben. Durchschütteln und ein paar Tage durchziehen lassen. Vor dem Servieren die geschlossene Flasche umdrehen, damit das Vanillemark sich verteilen kann.

Register der Rezepte

88